JN084012

AI×
データ時代の
「教育」戦略

● 渡部信一 ┃ 著

大修館書店

はじめに

　私たちは今、「ＡＩ×データ時代」の入り口に立っている（ＡＩ＝人工知能　Artificial Intelligence　以下「ＡＩ」と記す）。

　「ビッグデータ」や「最新のＡＩ」によって私たちの生活や社会は大きく変化し、これまでとはまったく異なる時代になる。それにともない、これからの「教育」も大きく変わらなければならない。

　最近、そんな議論をよく耳にするようになった。

　しかし実際には、多くの人々が次のように思っているだろう。

　「最新ＡＩって、何が新しいのだろう？」

　「ビッグデータと最新のＡＩによって、私たちの生活や社会はどのように変わるのだろう？」

　そして・・・

　「本当に、教育現場にＡＩが入ってくるのだろうか？」

　「本当に、ビッグデータや最新のＡＩによって、教育は変わらなければならないのだろうか？」

　「もし変わるとしたら、教育はどのように変われば良いのだろう？」

　もちろん多くの人々は、マスコミ報道などである程度の知識は持っている。しかし、ほとんどの人は、こんな感じだろう。

　「間もなく、ＡＩが自動車を安全に運転してくれるらしい。」

　「もし病気になったら、ＡＩが何の病気か診断してくれて、最も適切な治療法を提案してくれるらしい。」

　「冷蔵庫に入っている食材をＡＩが判断して、おすすめのメニュー

を提案してくれるかもしれない。」

さらに教育関係者ならば、次のように考えているかもしれない。

　「たぶん、成績の管理などの事務的なことはＡＩが自動的に処理してくれるようになるだろう。」

　「Ｗｅｂ上には最先端の情報がたくさんあるから、ＡＩのサポートによって子どもたちの学習は便利になるだろう。」

あるいは、ひょっとすると・・・

　「人間の知的作業はすべて、ＡＩに取って代わられてしまうのではないか？」

　「教え方が上手なＡＩ教師が登場したならば、『教師』という職業はなくなってしまうのではないか？」

　「そうなったら学校では、どのような『教育』をすればよいのだろう？　学校では、何を教えればよいのだろう？」

　「ＡＩを活用した教育はあまりにも便利すぎて、学習者は主体的に学習することをやめてしまうのではないか？」

そのような「ＡＩ×データ時代」を目の前にしていた私たちは、さらにまったく予想もしていなかった出来事に遭遇した・・・「新型コロナウイルス感染」の世界規模の拡大である。これにより、小中高校・大学などあらゆる教育現場では対面で授業をすることが不可能になった。そして、全国ほとんどの大学で「オンライン授業」が実施され、これまでテクノロジー活用に関心のなかった教師も含め否応なしに「オンライン授業」と向き合わざるを得ない状況になった。

しかし、「新型コロナウイルス感染」だけにとどまらない。その他にも、私たちの目の前には数多くの人類生存に関わる様々な危機がせまっている。地球温暖化がもたらす様々な災害、南海ト

ラフ巨大地震、首都直下地震、さらなる新しいウイルス感染・・・。そして日本社会においては、人口減少、少子高齢化、不安定な雇用、北朝鮮問題や米中対立に代表される不安定な世界情勢・・・。まさに今、私たちは社会における「不安定・不確実・複雑・あいまい」が拡大する時代の入口に立っている。そのような社会の中で、私たちはどのようにこれからの「教育」を考えていったら良いのだろう？

　本書では、今後の「教育」に関して、私たちが採るべき5つの戦略を示し丁寧に説明していく。

※　※　※

　ここで、「本書の射程」を示しておきたい。

　第1に、本書では幼児教育から高等教育までを主な対象としている。しかし、「学校教育」以外における「学び」に関しても常に意識しながら検討を行っている。

　そして第2に、本書では「テクノロジーは常に発展し続ける」ということを前提として書かれている。つまり、本書で「最新の○○」と表現するとき、私は「１０年先のテクノロジー」や「１０年先のＡＩ」をも念頭に置いている。

　したがって、本書を最後までお読みいただければ、現在における「最新のテクノロジー」のみならず近未来におけるテクノロジー、特にＡＩに関する基礎知識と「教育」への影響についても知ることができる。

　それでは早速、「ＡＩ×データ時代における教育」についての検討を開始しよう。

目　次

ＡＩ×データ時代の「教育」戦略

戦略 **I** 「オンライン教育」を活用する！

1　コロナ禍における「オンライン教育」の普及

1.1　「新型コロナウイルス感染拡大」の中で

　２０２０年１月に発生した「新型コロナウイルスの世界規模の感染拡大」は、私たちに「オンライン教育」の必要性を実感させた。小中高校では法的な問題があり、また設備も未だ整っていないなどの理由により、一部の自治体や学校、教師が授業の補習や学習動画をオンラインで提供したというのが実情だろう。しかし、そのような縛りのない高等教育機関では、学習者が持つ「教育を受ける権利」を保障するため、「学びを止めない」というスローガンのもと「オンライン教育」が推奨された。デジタル・ナレッジ社「ｅラーニング戦略研究所」の調査によれば、全国ほとんどの大学が「オンライン授業」を実施したという（註１）。

　この調査は、２０２０年６月４日から８日までの間、全国の大学職員・教員の計１００名にＷｅｂアンケートで実施され、国公立大学から３６名（３６％）、私立大学から６４名（６４％）の回答を得た。その結果、全国の大学の９７％が「オンライン授業」を実施したことが明らかになった。そして、その多くが２０２０年４月から５月の間に開始していた。その際、新たに「大学の環境・システム整備」を行った大学は２７.８％にとどまっており、多くの大学ではすでにＩＣＴの環境整備は進んでいたと考えられる。そして、７割の大学で「全学年のすべての単位がオンライン授業で習得可能」だった。

　各大学で行われているオンライン授業の形式は、「ライブ授業

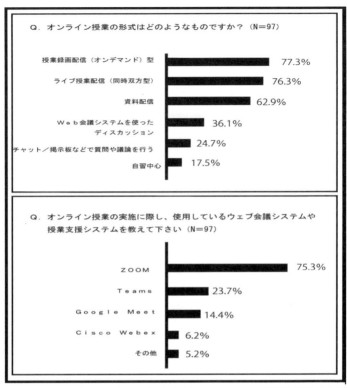

図1−1　オンライン教育調査（一部改変）（eラーニング戦略研究所2020）

配信（同時双方向型）」７６．３％、「授業録画配信（オンデマンド型）」７７．３％であり、その他は「資料配信」６２．９％、「ウェブ会議システムを使ったディスカッション」３６．１％であった（図１−１）。ここで、「オンライン授業」で行われている２つの型「ライブ授業配信（同時双方向型）」と「オンデマンド型配信（授業録画型）」について簡単に示しておく。

ライブ授業配信（同時双方向型）

主に、3パターンある。

①パワーポイント（以下、「パワポ」と略す）などの資料を提示しながら、教師が解説する。受講生が見る画面は、資料の画面と教師が解説する動画の2画面。

②基本的には①と同じであるが、解説の動画画面はなく教師の声のみを配信。

③教師および複数学生の様子を1画面に表示することが可能。「ゼミ」などディスカッションの場面で活用。

オンデマンド型配信（授業録画型）

「ライブ授業配信（同時双方向型）」の画面を録画。受講生は都合の良い時間に受講できる。

あるいは、教師が「オンデマンド型配信」用に録画し配信することも可能。

引き続き調査結果であるが、使用した授業支援システムは「Zoom」が75.3％、マイクロソフト社の「Teams」が23.7％、そして「Google Meet」が14.4％であった。学生の受講環境は「パソコン」が85.0％、「スマホ」が13.0％である。定期試験については「レポート提出」52.6％、「オンラインテスト形式」36.1％での実施が主流であった。

さらに、この調査でわかった「オンライン教育の課題」としては、学生側の「ＩＣＴ環境の整備不足」、教師の教材作成・授業準備に関する負担、教員の対応力にバラつきがあり教材や授業レベルに優劣が出てしまうという問題、学生の理解度をいかに測るかなどの問題が明らかになったという。

最後に、「今後どうするか」を質問したところ、多くの大学が「今

後は授業のオンライン化がさらに進み、オンラインと対面のハイブリッドが一般的になる」と回答したという。このような調査結果をふまえ、eラーニング戦略研究所では「中長期的には、授業はオンラインと対面のハイブリッド型となり、中身も多様化し、その過程でより高度なオンライン教育が進むことが予想される」としている（eラーニング戦略研究所2020）。

　現在、大学などの高等教育機関において実施されている「オンライン教育」が小中高等学校における普通の授業にまで普及したならば、「学校」や「教師」の役割を根本的に考え直す必要が生じてくるだろう。

1.2　大学教育現場における「オンライン教育」

　２０２０年６月、私は周りのスタッフや渡部研究室の修了生を中心に、現時点における「オンライン教育」の状況をメールにより調査した（註2）。どの先生方も緊急避難的に「オンライン教育」を始めた状況であり、以下に示すように大学によりばらつきが認められた。可能な限り、ご本人の回答をそのまま紹介する。（敬称略、以下同様）

■ 熊井正之（東北大学大学院教育学研究科・教授）

　東北大学では４月はじめに「第１学期授業は、当面の間オンラインにより実施」の方針が示された。また、オンライン授業を受講する機器・通信環境が自宅・自室にない学生を支援するため、希望する学生にはパソコンやWi-Fiルーターの貸出を実施した。

　オンライン授業は「授業目的公衆送信補償金制度」が開始された４月下旬から開講した。受講する学生の受講機器（パソコン、タブレット、スマホ）、通信環境（高速、低速、容量制限）、ニーズ、授業等の目的・性質に応じて、「ライブ」「オンデマンド」「資

図1-2　熊井先生のオンライン授業（オンデマンド型配信画面）

料配布・課題提示」の３つの型のオンライン授業を実施した。ライブ型には Google Meet や Zoom、web カメラ・マイクを、オンデマンド型には Google Drive とパワーポイント録画ビデオを、資料配布型には Google Sites、Google Drive、pdf 文書、ビデオ・音声資料等を用いたほか、いずれの型の授業でも教材・学習管理には Google Classroom や Zoho Connect を用いた（図１-２）。

　このうち、オンデマンド型授業では、１回90分間を複数個に分割したビデオを用い、各ビデオの視聴後に回答するクイズ、各回の学習後に記入するミニットペーパー、学習項目ごとに作成するレポートを課した。また、資料配布型授業では、受講機器の画面サイズに合わせて表示され、印刷も可能な文字中心のウェブページを基盤に、ウェブページにリンクした pdf 文書、ビデオ・音声資料を用いた。学期の中盤と終盤に課題とレポートを、学期の最後に、発表・討論の代替として、受講生間でのレポートの相

互参照・考察を課した。オンデマンド型や資料配布型授業のビデオ・音声は、受講機器、通信環境に合わせて受講生が選択視聴できるよう、高画質・高音質で大容量のファイルと画質・音質を制限した小容量のファイルを、リンクにファイルサイズを明示して提供した。

■ 佐藤克美（東北大学大学院教育学研究科・准教授）

　ＬＭＳ（学習管理システム：学習教材の配信や成績などを統合して管理するシステム）は、「Google Classroom」を活用している。講義の構成としては、オンデマンドによる動画配信を中心とし、講義の最後に課題（ミニットペーパー）を出した。学生は講義視聴後に Google フォームから課題を提出する形とした。その他、何度か Google ドキュメント等で回答するレポート課題を課した。

　学生に聞いたところ、パワーポイントの画像がはっきり見えること、教員の動きがあった方が良いという意見が多かった。また音が聞きやすい講義を求める学生が多かったため、教員の上半身をうつし、通常の教室での講義のようにスクリーンに映るパワーポイントの画面の前に立つ形にした（図１−３）。それを実現す

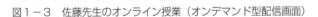

図１−３　佐藤先生のオンライン授業（オンデマンド型配信画面）

るために、教員（講義）とパワーポイントの画面は別々に撮影（録画）し、教室の画像に合成することで講義動画とした。またピンマイクを装着し、音声も別に録音した。

講義映像の作製には Adobe Premiere Pro を用いた。基本的には、1080p の FHD 画質で動画を作製したが、通信環境の整っていない学生のため、HD 画質、さらに低画質版を用意し配信した。固定カメラの１台の映像だとすぐに飽きてしまうので、講義中に別の映像教材や画像を挟みカットを切り替えるなどして、講義映像に変化をつけた。

■ 村上タカシ（宮城教育大学・准教授）

５月中旬から「オンライン授業」を開始。大学全体として、技術系の先生が中心になって推進した。「Google Classroom（＋Meet）」を使用。また、「 Google Meet Grid View 」や「 Google Meet 」でのグループディスカッションなども効果的だった（図１−４）。全ての学生がパソコンを使用し、スマホやタブレット

図１−４　村上先生のオンライン授業（Google Meet Grid View 画面）

端末を使用している学部生はいない。

「オンライン授業」を開始してしばらくしてから（自分の授業だけでなく他の授業も含めて）学生に感想を聞いたところ、「普段の授業より課題が多くて疲れる」「一日中パソコンを見ているので疲れる」との感想があった。

■ 三浦和美（東北福祉大学・教授）、和史朗（東北福祉大学・准教授）

ＬＭＳは、「EduTrack LMS」を活用。そして「オンデマンド（資料提示・動画提示）」が中心である。

例えば、「１００名以上の授業」では「 Meet 」を使って事前に録画し、予定の時間に配信。ゼミの時には「Zoom」を使ってリアルタイムで指導するという方法を採っている。

注意が必要だなと思ったことは、入学時に学生全員にノートパソコンを配布済みであるが、プリンターがない学生が多かった。「資料がプリントアウトできず画面だけで参照し、とてもつらいことも多い」という意見があった。

入学時にノートパソコンを配布したのは非常に有効であったと考えるが、アパートや自宅の通信環境が整っていない学生も多くおり、オンライン授業開始当初は動画等が視聴困難との報告も多くあった。（後日談：その後、大学からの対応として通信環境整備のための修学支援金を全学生に一律３万円給付してからは問題が改善され、円滑にオンライン授業が進んだ。この給付金からプリンタを購入した学生もいたのではないかとと推察する。）

また、東北福祉大学では大学の特徴として、視覚障がい・聴覚障がいの学生も複数人在籍している。そのような学生に対する支援として、例えば聴覚障がいの学生に対しては、音声を文字情報に変換するアプリケーション「ＵＤトーク」をインストールしたパソコンを使用してもらった（図１－５）。しかし、どうしても誤

図1-5　和先生のオンライン授業（聴覚障がい学生のための「UDトーク」画面）

変換が生じてしまい、パワーポイントの文字量を増やして情報を補完した。毎回の授業後に提出されるレポートの内容と定期的に行った受講状況確認から、彼らも概ね問題なく受講できていたようだ。

　「オンライン教育」についても、それぞれの障がいに対し補償が必要になる。これは、今後「オンライン教育」を進めていく上で、重要なポイントでもある。

■ 薄井洋子（東北学院大学・助教）

　LMSとしては、「manaba」（朝日ネット）を活用。「オンデマンド（資料提示・動画提示）」と「リアルタイム」両方で講義を配信。リアルタイムの講義配信には「Zoom」を使用。講義は「パ

図1-6　薄井先生のオンライン授業（オンデマンド型配信画面）

ワポの資料」と教師の音声、あるいは「パワポの資料」と「教師の講義動画」の2画面で構成（図1-6）。

　オンライン講義について、学生に感想を聞いたところ、「授業内容をもう一度確認したいときに「Google Drive」内に必要な資料が全てまとまっていたので、課題にも取り組みやすかった」、「manabaの掲示板やZoomのチャットなどの機能を使って直接質問ができるようになっていたのでよかった」、「英語の学習だけでなくパワポでプレゼン動画を作成する技術も学べて今後使えると思った」、「クラス全員のプレゼン動画を視聴することで、良いプレゼンについて考えるきっかけとなった」という意見があった。しかし、「全体的に課題が多く、課題提出管理が難しかった」と述べた学生もおり、課題の量の調整や課題の数や提出期限のスケジュールを毎回容易に可視化できるような配慮も必要であると感じた。さらに、授業の解説動画をパソコンではなくスマートフォンでも視聴していた学生も多く、字が小さくて読みにくいなど、デバイスによって学習効果に差があると感じられた。

私（薄井）は教育情報学の専門家として非常勤講師等のサポートを行ってきたが、オンライン授業がはじめての教員もおり、誰にでも簡単にできかつ効果的なオンライン教育の実施の難しさを痛感している。

■ 高橋信雄（東北文化学園大学・医療福祉学部・教授）

　所属する専攻では「言語聴覚士」を養成している。基本的に「google classroom」を使用しているが、大学側からＩＴ環境が脆弱な学生もいるので動画はできるだけ使わないようにと指示があり、ほとんどは文字や画像、音声の呈示による授業を行っている。また、プリントアウトが困難な環境にいる学生も多いことから、事前にハンドアウト等の資料を郵送しておくという対応をとっている。学生のＩＴ環境を整えるための資金の援助や、パソコンの長期貸し出しも行っている。

　医療系大学では「演習」により検査や訓練の手続きや技術を学ぶことが必須だが、感染防止のため学生同士で行う相互練習、実際に器具を用いての練習は行えていない。可能なものは画像や動画等を用いたオンライン授業を工夫しているが、オンライン授業でどうしても不可能な内容は延期せざるを得ず、一部は分散登校他で感染対策を講じつつ対面授業での実施が検討されている。しかし対面授業でも、構音障害や嚥下障害の演習では、例えば舌圧子を自分や他人の口腔内に挿入することを禁止するなど、身体性を伴う授業内容で大きな制限が残ると予想される。

　しかし、一番深刻なのは「臨床実習」ができないことである。医療系大学では「臨床実習」が極めて重要であるが、「オンライン教育」で臨床を経験させることは不可能である。結局、政府からの通達「新型コロナウイルス感染症の発生に伴う医療関係職種等の各学校、養成所及び養成施設等の対応について」に則り「学内実習」とした。

■ 植木克美（北海道教育大学大学院・教授）

　北海道教育大学は札幌校以外にも、旭川、釧路、函館などにキャンパスが分かれているため、所属する大学院の専攻では以前から各キャンパス間をＬＡＮ回線で結んだシステムを使った双方向遠隔授業の実務経験が日常的にあった。具体的な対応は、以下の通り。

　臨床心理学特論は、もともと双方向遠隔授業なので、あらかじめ機器操作のＴＡが配属されていた。各キャンパスに学生が登校して実施する双方向遠隔授業は行わず、リアルタイムでZoomを使ったオンライン授業を実施し学生が自宅で受講できるようにした。

　はじめのころは学生の表情をみたかったので受講生のカメラをオンにしていたが、最近は表情が見えなくてもスムーズに進められるようになった。そして、通信量を減らすように心がけ、パワポの教材を説明するときは教師のビデオも消している。

　今回は新型コロナウイルス感染拡大における緊急避難的な「オンライン教育」であったが、北海道教育大学のように複数のキャンパスを持ち普段から「オンライン授業」を経験している大学は、やはり今回の状況でも心の余裕が感じられる。さらに、植木によれば「これまでのオンライン授業でも、学生の音声や映像が途切れる場合があったので、通信量を減らすために教師のビデオも消した」と言う。そして、さらに感心させられるのは「当該の授業のことだけではなく、地域社会全体の通信環境を意識してビデオを消している」と言うのである。

　さらに「オンラインによるコミュニケーションに慣れたこともあり、学生の表情が見えなくてもコミュニケーションがとれないと感じないし、学生も教師の表情が見えなくても不安になる様子は感じられない・・中略（引用者）・・特に、１年生とは当初の大学院暦通りにオンライン授業を開始し、オンライン上でコミュ

図1-7　植木先生のオンライン授業（集団遊戯療法実習）

ニケーションを自然にとれていると感じる」と植木は言う。

　そして、特に興味深かったのは「集団遊戯療法実習」である。植木は、「実習科目だがオンラインで実施した」と言うのである。

　「大きなブロックを使って遊ぼう！」というテーマで行う「ロールプレィ」の実習をオンラインで実施した。普段の実習では学生が指導者役と子ども役に分かれ、大きなブロックで一緒に何かを作りながら子どもの成長を促している。今回のオンライン授業では学生6名を2グループに分け、それぞれブロックでつくりたい作品を考えてもらった。学生が何を作りたいかを教師に伝え、教師がブロックを組み立てた。学生は、教師が予想していたよりも

大きな作品をつくりたいと考えていたようだった（「二人乗り自転車」および「家」・図1−7参照）。作品が完成するか教師は不安だったが、なんとか完成できた。教師も学生も一生懸命にコミュニケーションをとり楽しみながら行えた。そして、子ども役と指導者役の代わりにそれぞれぬいぐるみを使用し、「ロールプレィ」の実習を行った。

　なお、「臨床心理査定演習」は、検査の説明等、オンラインで実施可能なところは実施して、検査のロールプレィ実習や検査実習は対面でなければ難しいので延期した。

■ A先生（A短期大学・専任講師）

　5月からの「オンライン教育」は準備が間に合わず断念。教師が課題を学生に郵送し、学生から帰ってきた回答を添削して送り返すという方法をとっている。（後日談：仙台市内の大学としては最も早い6月下旬には対面授業を開始した。7月には「Gsuite for Education」を導入し、コロナ禍の第2波、第3波に備えている。）

　以上、新型コロナウイルス感染拡大初期における私の周りの大学数校の実態を紹介したが、これだけでも各大学で様々な事情があり様々な工夫がなされていることがわかった。さらに、多くの学生が「1日のオンライン授業で出される課題を合計すると大変多くなってつらい」あるいは「一日中パソコンの前から離れられなくて非常につらい。長時間パソコン画面を注視するため、目の不調を感じている」などと感じていることが明らかになった。緊急事態の中で教師が一所懸命「オンライン授業」を行った結果、逆に学生の負担が大きくなってしまったようだ。

1.3 「オンライン教育」における4つのステージ

　多くの高等教育機関が、新型コロナウイルス感染拡大のために「オンライン教育」を実施せざるを得なかった。今回初めて「オンライン教育」を実施した高等教育機関も多かったと思われるが、大学教育における「オンライン教育」自体はこれまでにも行われていた。

　ここで、「オンライン教育」が今日までどのように変化しながら発展してきたかについて振り返ってみよう。「オンライン教育」は、4つのステージに分けて考えると理解しやすい。

大学教育の「オンライン教育」における4つのステージ

　　　第0ステージ（遠隔教育）「放送大学」→ 1985年から
　　　第1ステージ　「eラーニング」→ 2001年から
　　　第2ステージ　「MOOC」→ 2012年から
　　　第3ステージ　新型コロナウイルスの世界規模の感染拡大による
　　　　　　　　　「オンライン教育」→ 2020年から

　一般に「オンライン教育」と言えば、2001年頃から始まった「eラーニング」（第1ステージ）をイメージする人が多いだろう。しかし、「遠隔教育」という視点でとらえれば、「放送大学」がその始まりであることは間違いない。「放送大学　The Open University of Japan」は、1985年から開始された「テレビやラジオによる放送授業の視聴」を中心とした通信制大学である。ここでは、インターネットを経由した「オンライン教育」とは異なるという理由で「第0ステージ」とした。

　放送大学では基本的に、BSテレビ・ラジオを通じて授業を受ける。もちろん録画しておけば、いつでも好きな時間に自宅で学習できる。2015年からは、「オンライン授業」の配信も開始された。正式に学生になり、放送授業と面接授業（スクーリング）、そして

オンライン授業を合わせて１２４単位取得すれば卒業ができる。

　３５年以上の歴史・実績のある放送大学の特徴は、なんと言ってもその知名度だろう。これまでに１６０万人以上の卒業生がおり、現在も約９万人が学んでいるという（2020年度）。年齢的には３０歳代から４０歳代が多く、現場で働きながらさらに上の資格を目指す看護師や教員が多いという（註3）。２００２年からは大学院修士課程、２０１４年からは大学院博士後期課程も開始され、多くの人々が現在も利用している。

　私たちにとって「遠隔教育」として最もなじみある放送大学だが、やはり一番のネックは「双方向性の欠如（インタラクティブ性の欠如）」であった。「放送」という性格上、教師が一方的にしゃべり、全国にいる多数の学習者はテレビやラジオを見ながら（聞きながら）ひとりで学習を進めるというスタイルには、どうしても「集中力」や「持続力」が求めらる。もちろん、「面接授業（スクーリング）」によりある程度はそれを補う工夫はなされているけれど、やはりそこが課題になっていたのである。

1.4　インタラクティブ性を実現した「ｅラーニング」

　そこに現れたのが「ｅラーニング」である。１９８０年代の「パーソナルコンピュータ（以下、「パソコン」）」の普及、そして１９９０年代後半のインターネットの爆発的な普及が、自然な流れとして「ｅラーニング」を誕生させた。「ｅラーニング」ならば放送大学で課題になっていた「双方向性の欠如（インタラクティブ性の欠如）」もある程度は解決できるだろうと、大きな期待を持って開始された。

　私がはじめて「ｅラーニング」という概念を意識したのは、２００１年にマサチューセッツ工科大学（ＭＩＴ）が「オープンコースウェアＯＣＷ」プロジェクトを立ち上げたというニュース

を知ったときである。２００１年、ＭＩＴは「自校の約１８００
の講義で使われている教材のすべてをウェブ上で無料公開する」
という「オープンコースウェア：ＯＣＷ」プロジェクトを立ち上
げたのである。このプロジェクトは、メロン財団とヒューレット
財団からあわせて約１１億円の資金援助を受けると伝えられた。
このニュースはアメリカ国内のみならず、世界中の高等教育機関
に衝撃を与えた（吉田 2003）。

　「ｅラーニング」では「いつでも、どこでも、誰でも」というフレー
ズで象徴されるように、忙しいビジネスマンや子育てに忙しい主
婦でも、都市から遠く離れた地域に住んでいる人たちでも、そし
て老人や障がい者などのように通学に大きな負担がかかるような
人々でも、やる気さえあれば気軽に学習することが可能になる。
そして、その内容も基礎的な知識から、時にはノーベル賞クラス
の専門知識までも学ぶことができるとして大きな話題になった。

　このようにしてスタートしたＭＩＴが主催するｅラーニングに
対し、日本の大学も無視することはできなかった。確かに、日本
は国土も狭く「遠くて大学に通えない」ということも少ないだろ
うし、「授業を全世界に配信する」ことも言語の問題が大きな障
害になる。つまり、日本の大学にとってｅラーニングはアメリカ
の大学ほどのメリットは無いのだが、それでも世界の勢いに逆ら
うことはできなかった。２００１年４月には玉川大学が、
２００２年４月には東京大学、青山学院大学、佐賀大学、そして
「東北大学インターネットスクール　ＩＳＴＵ：Internet School
of Tohoku University」がスタートした。

　私自身「ＩＳＴＵ」に立ち上げ準備から関わり、１０年以上に
わたってそのプロジェクトを運営してきた（渡部 2012）。「正規
講義」の他、各研究科主催のセミナー等を収録した「特別講義」、
そして授業のシラバス、予習教材、復習・発展教材、レポート提

出・採点、討論用掲示板、連絡用掲示板など様々な教育サポート
機能を提供している。

　特記すべきは２００８年度、東北大学大学院医学系研究科が
１００％の講義配信を宣言したことである。日中は病院実習などで
忙しい医学系研究科の学生にとって、いつでもどこでも受講可能な
ｅラーニングはまさに「ニーズにあった学習形態」だったのである。

　ＩＳＴＵで配信されている教材コンテンツの利用数は、２００５
年度は年間５０００回に満たなかったが、２０１５年度には年間
７０万回近くになり、２０１９年度は年間１３０万回を超えている。

　さて、それではｅラーニングの普及により、どのように「学び」
が変化するのだろう？　例えば、わざわざ教室に行き眠気と戦い
ながら先生の授業を聞くのではなく、自分の頭がさえている時間
に自分の部屋でパソコンのディスプレー上に配信される先生の動
画を見て学習する。実際の授業では、「そこの部分の説明をもう
一度聞きたい」「ちょっと考える時間がほしい」と思ってもそれ
は困難である。先生に対し「もう一度、説明してください」とお
願いすることは不可能ではないとしても、かなり敷居が高いこと
は間違いない。しかし、ｅラーニングなら「聞きたい部分だけを
繰り返して何度でも聞くことができる」「一旦停止して自分でじっ
くり考える時間がとれる」など、自分のペースで学習することが
可能である。つまり、個々のニーズに対応した「教育」という視
点から見ても、ｅラーニングの有効性は大きい。

　さらに、Wi-Fiでインターネットにつながったノートパソコン
やスマホを利用すれば、公園や電車の中で学習することも可能で
ある。このようなモバイルでの学習スタイルが普及してゆけば、
まさに「学習はどこにいても可能」ということが現実のものにな
るだろう。そのような中で「ＭＯＯＣ」が誕生したのは、ある意
味「必然」なのかもしれない。

1.5 「MOOC」における「ビッグデータ」への着目

　第2ステージは、2012年に「MOOC（ムーク）」という名称とともに始まった。「MOOC」とは「Massive Open Online Courses」の略で、無料で公開される「大規模公開オンライン講座」を意味する。MOOCが開始された当時、その最大の特徴は「名門大学が行う世界最高水準の講義を世界中どこからでもインターネットを通して無料で受講することができる」ことであると言われた（金成 2013）。

　「MOOC」が始まった2012年は、まさに「ビッグデータ」を基にして様々な分析を行う「最新のAI」が話題になっていた頃である。つまり、「MOOC」がそれまでの「eラーニング」と大きく異なっていることは、AIと「ビッグデータ」の活用を基礎としたビジネスモデルに基づいて始められたという点である。例えば、2012年3月から6月に公開されたMITのアガルワル教授が行ったMOOC講義「電子回路」は受講生の登録数は15万人以上で、最終的に修了証を獲得したのが7157人（全受講生の5％）。受講生は194カ国から集まっており、米国が17％、インドが8％、英国が5％、コロンビアが4％などであったという（金成 2013）。受講登録数が15万人以上というのは驚くべき数であり、受講生の学習記録（ログ）を分析すれば「受講生はどのような講義にどのくらいの時間をかけ、どのように受講しているのか」というような学習の仕方やその特徴を明らかにすることができる。さらに、最終的に修了証を獲得したのが全受講生の5％であるという点も、「受講生はどこでつまずき受講を諦めたのか」などを明らかにすることができる。このようにAIとビッグデータにより支えられている「オンライン教育」は、教育関連のビジネスに応用したいという企業の意図が見え隠れしている（註4）。結局、「名門大学が行う世界最高水準の講義を無料で受講することができる」というかわりに、受講生は自分自身の学

習に関するデータを提供していると言うこともできる。

　ＭＯＯＣ開始当時の代表的なプラットフォームは、スタンフォード大学の研究者がベンチャー企業を立ち上げスタートさせた「ユダシティー」および「コーセラ」、そしてマサチューセッツ工科大学ＭＩＴとハーバード大学が共同設立した非営利の教育機関「エデックス」である。日本では１年後の２０１３年、一般社団法人日本オープンオンライン教育推進協議会「ＪＭＯＯＣ」が設立し、その普及・拡大に努めてきた。

　現在、日本にはいくつかの公認プラットフォームがあるが、その中でも日本で最初にＭＯＯＣ講座の配信を始めたドコモ教育事業の中核子会社「gacco」は現在７０万人の会員を獲得し、日本最大のプラットフォームになっている。「gacco」では、ビジネス直結の講座から知的好奇心を満たす講座まで様々なジャンルの講師が本格的な講義を繰り広げている。東北大学ＭＯＯＣも「gacco」をプラットフォームとして使用しており、私自身も２０２０年度に『ＡＩ時代の「教育」を考える』という講義を担当した。また、「gacco」には「掲示板」があり、同じ講義を受講する仲間同士が交流したり議論する場となっている。さらに、クイズやレポートを提出し所定の基準を満たすことにより修了証が発行される。そして、そのレポートの採点は講師が行うのではなく受講者同士で「相互採点」するというシステムになっているという点も、大変興味深い。これにより、受講生がいくら大人数になっても問題がないとともに、他の受講者のレポートを採点することで自分とは異なる考え方に接したり、新たな気付きを得たりすることができる（金成 2013）。

　ＭＯＯＣが持つもうひとつの特徴は、ＭＯＯＣと既存の大学教育を組み合わせて行うことにより「ブレンド学習」を可能にしたという点である。例えば、事前に自宅などでＷｅｂ経由でＭＯＯＣ（オンデマンド授業）を受講し、後日大学に登校して練習問題

や討論などを行う「反転授業（反転学習）」の普及は、教育を根底から変える可能性を持っている。金成は「反転授業（反転学習）」に関して、カリフォルニア州にあるサンノゼ州立大学の例を紹介している（金成 2013）。学生は事前にMIT教授の「オンデマンド授業」を受講しなければならない。そして、講義当日はサンノゼ大学の教室で、「オンデマンド授業」の理解を深めるための練習問題や応用課題などを解く。サンノゼ大学の教員は従来型の一斉講義はほとんど行わず、つまずいている学生にヒントを与えたり、理解の早い学生により難しい課題を与えたりしているという。このように、「オンライン教育」では「教師」の役割が大きく変化すると同時に、MOOCの提供を受ける大学は教員数を減らすことができ大きな経費削減につながるという。ここでもMOOCの「教育」に関する新たなビジネスモデルが見えてくる。このような視点は今後、急速な少子化に対応しなければならない多くの教育機関にとって、ひとつの有効な選択肢になるだろう。

1.6　想定外だったコロナ禍の「オンライン教育」

　そして第3ステージが、2020年度に新型コロナウイルス感染拡大の対策として始まった「オンライン教育」である。このステージの最大の特徴は、結果的に日本全国ほとんどの大学で緊急避難的に「オンライン授業」が実施されたということだろう。先に示したように、「eラーニング戦略研究所」の調査によれば、全国97％の大学が「オンライン授業」を実施したという。そして今後、「授業はオンラインと対面のハイブリッド型となり、中身も多様化し、その過程でより高度なオンライン教育が進む」ことが予想される。間違いなく、今回の非常事態は大学教育が大きく変わるひとつのきっかけになるだろう。

　ところで、私がこの調査結果を目にして驚いたことがひとつあ

る。「オンライン授業」において使用された授業支援システムの実に75%以上が、「Zoom」という点である。確かに、「Zoom」はアメリカの大学ではよく使われているということは知っていた。あらためて調べてみると、「Zoom」は全米の大学(特に、ランキング上位200校)の約95%のシェアを占めている。それでも、2019年末のユーザー数は約1000万人であった。

「Zoom」が(正式には「Zoomビデオコミュニケーションズ」が)設立され、最初の顧客としてスタンフォード大学の生涯教育部門で使われ出したのが2012年である(まさに「MOOC」が始まった年である)。その後、スタンフォード大学と協力して「Zoom」を成長させてきたという。会社の方針である「個人の顧客よりも企業や公共機関の顧客を求める」という姿勢が、着実に全米の大学の顧客を拡大していったのだろう。そして、創業約7年(2019年時点)でユーザー数を約1000万人まで拡大したのである。

そこに、新型コロナウイルス感染拡大である。「2019年末のユーザー数約1000万人」の数ヶ月後の2020年3月、ユーザー数は20倍になり「約2億人」になったというから驚かざるを得ない。日本の場合、先の調査にあるように大学の多くが2020年4月から5月の間に「オンライン授業」を開始したということをことを合わせて考えると、現在では「Zoom」のユーザー数はさらに大幅に増加しているだろうと考えられる(註5)。

この数字だけを見ても、世界中の「オンライン教育」の広がりは驚くばかりである。

予測!

> コロナ禍により急速に普及した「オンライン教育」は今後、ひとつの教育方法として定着していく。

2 「オンライン教育」を支えるＡＩとビッグデータ

2.1 今後、「オンライン教育」はどうなるか？

　1.4で見たように、「オンライン教育（ｅラーニング）」は２０００年頃からすでに始まっており、特に大学教育の現場では話題になっていた。しかし、実際に実施しようとすると準備のためには多くの時間と労力、そして多額の予算が必要になることが判明し、多くの教育機関ではそれほど積極的に導入するまでには至っていなかった。それが奇しくも新型コロナウイルス感染拡大により、多くの大学が緊急避難的に「オンライン教育」を実施することになった。今後、新型コロナウイルス感染の収束とともに、再び「オンライン教育」から対面授業に戻ることになるだろう。しかし、「オンライン教育」実施の経験は、私たちに「教育」に関する様々な認識の変化をもたらしてくれた。例えば、「それほど期待していなかったけれど、実施してみたら意外と教育効果があった」あるいは「これまで登校が困難だった学生（生徒）が積極的に授業に参加するようになった」などと「オンライン教育」のメリットに気づいた人も多い。また、２０２０年９月に発足した管義偉内閣が目玉として出した「デジタル庁」の設置は社会のオンライン化を強く後押しすることになり、「オンライン教育」推進にも少なからず影響があることは間違いない。

　さらに、大学教育においては「少子化対策」、それにともなう経費削減のひとつの手段として「オンライン教育」は重要である。実際すでに、北海道内の国立大学７校（北海道大学，北海道教育大学，室蘭工業大学，小樽商科大学，帯広畜産大学，旭川医科大学，北見工業大学）が協力して，各大学の教養教育を充実させることを目的に「国立大学教養教育コンソーシアム北海道」を開始している。ここでは単位互換協定が７大学間で締結され，各大学で実施される教養教育に関する授業科目を他の大学に在籍する学生が受講できると

図2-1　ＡＩ×データ時代の授業スタイルの一例

ともに、それらの授業科目を自分が通う大学の単位として認めてもらうことができる。また、これらの科目の多くは各大学に設置された双方向遠隔授業システムを使い映像や音声等が他の大学に同時配信されるため、受信先大学の学生は配信元の大学と同様の臨場感の中で授業を受けられるとする。同様の試みは「大学連携 e-Learning 教育支援センター四国」として四国の５大学（香川大学、徳島大学、鳴門教育大学、愛媛大学、高知大学）でも実施されており、今後の動向が非常に気になるところである（註6）。

　さてここで、これからの「オンライン教育」として私が考えているひとつのスタイルを示しておこう。それは簡単に言えば、既存の「優れたオンデマンド授業コンテンツ」を教材として授業を行うというスタイルである（図2-1）。例えば現在、Ｗｅｂ上では「NHK for School」や「テンミニッツＴＶ」というコンテンツが話題になっている（註7）。「NHK for School」では幼稚園・保育園から高等学校までを対象としたコンテンツ、また「テンミニッツＴＶ」は「大

人のための教養講座」を配信している。特に「NHK for School」では、国語、算数・数学、理科、社会、英語・・・と各教科に関するコンテンツが多数公開されている。2つの講座に共通しているのは、基本的に「10分間のコンテンツ」をひとつの単位として設定しているという点である。今後、このような「優れたオンデマンド授業コンテンツ」を提供するサイトが増えて行くだろう。現場の教師はこれらのコンテンツを教材として活用し、教室にいる個々の学習者のレベルに合わせて補足的な解説を行ったり、そのコンテンツの理解度を確かめるためにドリルを行ったりするのである。

　特に、これから教育対象となる子どもや学生は、「ユーチューバー」が作る「短時間で面白い動画」を日常的に見慣れている世代である。学習者の興味を引くような内容の比較的短い動画を中心とした授業は、今後の「一般的な授業スタイル」のひとつとして普及していくだろうと、私は考えている。

2.2 「オンライン教育」を支える「クラウド」の存在

　新型コロナウイルス感染拡大により緊急避難的に「オンライン授業」を強いられた教師のほとんどは、自分のパソコンと学習者のパソコンの間にどのようなメカニズムが存在しているのかあまり関心が無いかもしれない。あるいは、ライブ型の授業配信（同時双方向型）は自分のパソコンから学習者のパソコンに直接インターネット経由で配信されており、オンデマンド型の授業コンテンツ（ライブ授業を録画して、学習者がいつでも都合の良いときに閲覧できるようにしたコンテンツ）は各大学のサーバーに保存されていると思っているかもしれない（註8）。

　しかし実際には、ほとんどの場合、教師の音声や動画などのデータは「クラウド（サービス）」を経由している。「クラウド」とは言い換えれば、「アマゾン」や「Google」という企業が所有する「大

規模なサーバー群」である。このような「クラウド＝大規模なサーバー群」が置かれている場所は「データセンター」と呼ばれているが、各社の「データセンター」は世界中に設置されている（2017年時点でGoogle社などの「データセンター」を合計すると３９０以上。日本では千葉にGoogleが設置を計画中である）。つまり私は、今はほとんどの人が意識していない「教師－クラウド－学習者」という関係性が、今後は「オンライン教育の常識」として顕在化してくるだろうと予想している（図２－２）。

　ちょっと脇道にそれてしまうが、「教師－クラウド－学習者」という関係性がどのようなものなのか、もっとなじみのある例として「好きな音楽を聴く」ということを取り上げ説明しよう。私が音楽に目覚めたのは幼稚園の頃だが、その時は主に「レコード」で音楽を聴いていた。その後「カセットテープ」が普及し、私はテレビやラジオで気に入った音楽をみつけると、その音楽をカセットレコーダーで「カセットテープ」に録音し、何回も繰り返し聞いていた（「オンエアチェック」と呼ばれていた）。そのような状態は長く続いたが（おかげで私の部屋には多数のカセットテープが散乱していた）、大学院生になると（１９８０年代初め）「ＣＤ（コンパクトディスク）」が普及し、１９９０年代初めには「ＭＤ（ミニディスク）」が登場した。「ウォークマン」が登場したのが１９７９年。若者はラジオやＣＤからカセットテープやＭＤにダビングしたお気に入りの音楽を、どこにでも持ち歩きながら聴いていた。

　レコードやカセットテープから「ＣＤ」になった時点で「アナログ」から「デジタル」に移行はしたけれど、大好きな「音楽」はいつも自分の手元に存在していた。つまり、音楽は「レコード」「カセットテープ」「ＣＤ」「ＭＤ」のなかに存在していた。ここまでが、いわゆる「昔の話」である。

　しかし、現在は状況が大きく変化しつつある。つまり、「音楽」

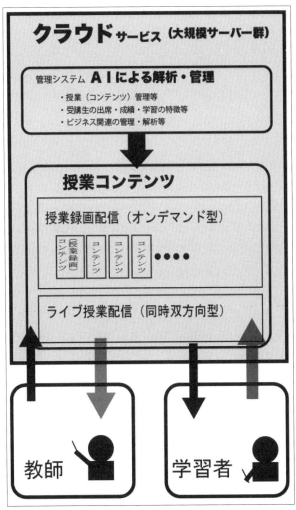

図2−2　近未来の「オンライン授業」

が存在するのは企業が所有する「クラウド＝大規模なサーバー群」になる（例えば、「アマゾン・ミュージック」）。そして、これからの若者は、かつて私たちがカセットテープやCDを手元に置いて「私のものとして所有する」のとまったく同じ感覚で「クラウド」の中に「自分の好きな音楽」を置いておき、いつでも好きなときに聞いて楽しむことになるだろう。

　それとまったく同様に、ＡＩ×データ時代の「オンライン教育」では「クラウド」の役割が重要になってくると、私は考えているのである。「図２－２」に示したように、教師と学習者の間には今話題になっている「５Ｇ」によってつながれた「クラウド（大規模なサーバー群）」がある（註9）。さらに、「クラウド」には、「オンデマンド型の授業コンテンツ」や「教育ビッグデータ（受講生の出席、成績、学習の特性などの情報）」が保存されている。さらに、それらを管理したり解析するためのＡＩが置かれている。この時、「ＡＩがどのようなデータを、どのように解析するのか」が、その「クラウド」の（つまり、その企業の）サービスにつながっていくのである（註10）。現在のところ1.1で示したように、「ＺＯＯＭ」や「マイクロソフト社（Ｔｅａｍｓ）」、そして「Google（Ｍｅｅｔ）」などが「オンライン教育」の分野に参入しているが、このあたりのサービスの善し悪しが今後の企業の明暗を分けるのかもしれない（註11）。

2.3　「オンライン教育」でも活躍する最新のＡＩ

　ＡＩ×データ時代、「オンライン教育」において最新のＡＩがどのように活用されるのか、もう少し予測も含めて検討してみよう。例えばGoogleは、「Google Classroom（＋Meet）」というアプリケーションを開発して「オンライン教育」の領域に参入している。

　そもそもGoogleは、１９９８年に創業してから一貫して「世界中のあらゆる種類のデータ収集・蓄積」と「世界最高水準の検

索エンジンの開発」を目標としてきた。私たちは何か調べたいことがあると、ほとんどの場合「Google」を使ってＷｅｂ上を検索する。例えば、「オンライン教育、メリット」と入力して検索してみる。すると「0.53 秒後」には Google の検索エンジンが見つけ出したＷｅｂ上にある「41,900,000 件」の情報が私のパソコンのディスプレーに表示される。表示される順番は「情報の信頼度」「被リンク数」、そして「キーワードの一致数」によるとされる。ここで私が大切だと思っていることは、私が「Google」を使ってＷｅｂ上にある情報を得ているだけではなく、Google 側も私が「オンライン教育、メリット」と入力したという情報を得ていると言うことである。つまり、多くの人が「Google」を使って検索すればするほど、Google は「人々はどのような情報をほしがっているのか」という情報を収集・蓄積できると言うことである。

　もうひとつ、Google と言えば「Google マップ」が有名である。世界中の地図や航空写真が使えるだけでなく、「Google ストリートビュー」では世界中の道路沿いの風景をパノラマ写真で見ることができる。Google が２００７年に「道路沿いの風景」という情報を集め始めているということを知ったとき、そして屋根に３６０度カメラをつけたクルマが街中を走っているのを見つけたとき、私は「世界中の道路沿いの風景を写真に撮るなんて、なんて気の長い仕事をしてるんだろう。本当にそんなことをして役に立つのだろうか？」と半ばあきれかえっていた。しかし現在、私は昔暮らしていた福岡やブリスベンの街並みを「Google ストリートビュー」で見て楽しんでいる。また、多くのビジネスマンや運転手が、初めて行った場所で何の問題もなく仕事をすることが可能になっている。そして現在、Google は協力が得られた世界中の図書館が貯蔵している書籍を１ページ１ページスキャンしてデータとして蓄積しているという（山本 2020a）。

４の節で詳しく検討するが、最新のＡＩにとって「ビッグデータ」は決定的に重要なものである。「ビッグデータ」があって初めて、最新のＡＩは素晴らしい能力を発揮できる。つまり、データセンターの中にある大規模サーバー群にあらゆる種類の「ビッグデータ」を収集・蓄積することは、将来的に大きなビジネスにつながるのである。

　さて、そこで「オンライン教育」である。以上見てきたような発想を持つGoogleが「Google Classroom（＋Meet）」というアプリケーションを開発して「オンライン教育」の領域に参入しているということは、必ず「何らかのデータを活用してＡＩに解析させる」ことを考えていることは間違いない。それが具体的に何なのか、今のところ私にはわからない。しかし、「Google 検索」や「Google マップ」で培ってきた検索技術により数年後には、「オンライン教育」に関しても何らかの便利なサービスが開始されているに違いない。

　例えば、コンテンツ作成支援、受講生の出席管理、学習履歴、成績管理などは教育ビッグデータとＡＩが大いに役立つことになるだろう。また、講義内で行われる「ミニテスト」等の採点、場合によってはレポートの採点までもＡＩがやってくれることになるだろう。レポート採点を100％ＡＩに任せることは無理でも、学生がしばしば行う「ネットからのコピペ」はすぐに見つけ出してくれる。さらに、学生からの想定される質問に対する回答を事前に準備してデータベース化しておけば、簡単な質問ならばＡＩに担当させることも可能である。

　そして、ＡＩが最も得意とする領域が画像解析である。例えば、「登録した学生が本当に受講しているか」あるいは「テストの時に替え玉受験をしていないか」などはＡＩの「顔認識」が力を発揮する。「顔認識」に加えて受講生の「音声認識」も併用すればさらに信頼度は高まる。また本節の後に掲載した「現在進行中の

プロジェクト1」で紹介する私たちが開発中のシステムを使えば、受講中に学習者が「居眠りをしていないか」あるいは「誰が挙手しているか」などを最新のAIが教えてくれる。AIが受講生の姿勢や動きを解析して、その講義に対する受講態度を評価してくれるのである。

予測！

> AI×データ時代の「オンライン教育」は、「クラウド（ビッグデータ×AI）」の技術や設備を持つ巨大企業が支配していく。

2.4 大きく変わる「学校」や「入試」のシステム

AI×データ時代には、「学校」や「入試」のスタイルが大きく変わる可能性がある。

これまでの「学校教育」では、学習者は毎日「学校」に通い「教室」というひとつの場所に集まって一斉に授業を受けるというスタイルが一般的とされてきた。しかし、私たちは新型コロナウイルス感染拡大により緊急避難的に行われた「オンライン教育」を経験することにより、「学校の教室にみんなが集まり授業を受けることが教育の唯一のスタイルなのか？」ということを考えざるを得なかった。

現在、多くの企業で「テレワーク」や「オンライン会議」が一般的になりつつある。「働き方改革」が叫ばれ、社会全体において「新しい生活スタイル」の議論が始まっている。その議論の方向性を一言で言えば、『「集団（会社や学校）から「個」へ 』である。今後、コロナ禍が続くにせよ（with コロナ）、ある程度は収まるにせよ（after コロナ）、どちらにしても時代の大きな流れ

は会社や学校という「集団」から「私（個）の働き方」や「私（個）の学び方」への関心という流れになるだろう。それは結果的に、それぞれ個々の人間が「私の価値観」や「私の幸せ」に目を向けることにつながる。

　さらに、父親や母親の「働き方」が変わることにより、子どもたちに対する教育も変わっていくかもしれない。例えば、これまでは両親が都心で働いていれば、その子どもも都心の学校に通うということが一般的だった。しかし、「働き方改革」により都心の会社に勤める親が田舎でリモートワークするといった状況になれば、当然子どもも田舎に住むことになる。そのような場合、これまでは「地域の学校に行く」というのが唯一の選択肢であった。しかしこれからは、オンラインで都心の小中高校でおこなわれている教育を受ける子どもたちが増えてくるかもしれない。オンラインで最先端の学習を行い、学習が終わった後は山で虫取りをしたり川で遊んだりする。このような教育スタイルをひとつの「理想的な教育スタイル」と考える人も、少なからずいるだろう。

　また、生まれたときからすでにスマートフォン（常にネットにつながっている端末）が身体の一部になっている今の子どもたちにとってはもはや、「オンライン教育」を受けることに対しては何の抵抗もないだろう。そして逆に、不登校になる可能性を持つ子どもたちにとっては、はるかに「自分に合った学びのスタイル」であると感じるだろう。つまり今後「オンライン教育」は、誰もがもし望むのであれば自由に選択することができる学習スタイルになるのである。

　「入試」というスタイルも、大きく変わる可能性がある。２０２１年１月１６日・１７日、コロナ禍のなか「大学入学共通テスト」が実施された。これまでの大学入試センター試験とは異なる「思考力」を重視した問題が出題されるとして話題になって

いたが、結果的には問題の内容よりも「コロナ禍でいかに入試を実施するのか」という点が着目されることになった。そして、多くの教育関係者が「大学入試」という選抜制度の弱点を実感した。

　例えば、「どのような方法で大学に入学可能か否かを決めるのが理想的だと考えるか？」と質問したら、多くの人は「それまでの成績や様々な活動実績、さらにはコミュニケーション能力や創造力などを総合して決めるべき」と答えるだろう。実際現在でも、「推薦入試」や「ＡＯ入試」など様々な工夫を取り入れた評価が行われている。

　そして今後、「オンライン教育」が普及・浸透していけば「大学入試」も大きく変わるだろうし、そもそも「教育評価」自体が大きく変化するだろう。例えば、「オンライン教育」の学習記録が「教育ビッグデータ」として「クラウド」に蓄積される。そして、教室における対面授業でもインターネットに接続しているすべてのコンピュータ（「デジタル教科書」や「デジタルノート」なども含む）が「クラウド」にビッグデータとして蓄積されることになるだろう。

　各大学は「自分の大学が求める学生」を選抜するため、ＡＩに受験生個々の「教育ビッグデータ」を解析させ、ＡＩの判断を基礎にして「入学の是非」を決定するようになるだろう。このようなシステムが教育現場に普及・浸透していけば、「大学入試がなくなる」という事態が起こるかもしれないのである。

予測！

これまでの「学校」における教育システムが崩れ、「オンライン教育」を利用した「個々の学び」が拡大していく。

最新ＡＩが「良い授業」を評価する

　ここで、私が現在進めている「ＡＩを活用した授業評価」プロジェクトを紹介したい。このプロジェクトは、私が現在兼任している「東北大学ヨッタインフォマティクス研究センター」におけるひとつのプロジェクトである。リーダーの私の他２名の情報工学者、中島平准教授（教育学研究科）および羽鳥康裕助教（電気通信研究所）に加わっていただき、プロジェクトを進めている。特に羽鳥先生は、ＡＩ開発の最前線で活躍している若手研究者である。

　このプロジェクトの概要を示す。現在、多くの教室にビデオカメラが設置されている。このプロジェクトでは、このカメラで得られた動画映像からそれぞれの学生の姿勢や動きをＡＩに解析させ、さらに分類させることにより「学生の授業態度を評価するシステム」の開発を目的としている。つまり、授業中に学生が手を上げたり発言したりという「授業への積極的参加の度合い」や、逆に「居眠りの頻度」をＡＩに解析・分類させるという計画である。このシステムは完全に自動化されており、まったく人間の関与無しに同時に多数の授業における学生の態度を評価可能である。

　ここで、ＡＩが行っている作業は２つある。第１に、ＡＩは動画映像の中からそれぞれの学生の身体を見つけ出し、例えば「背骨は赤の棒線」「右手は黄色の棒線」というように区別して表示する（図１：実際には、この映像はカラーで表示される）。ＡＩが行う第２の作業は、解析した身体動作のデータを基にして「手

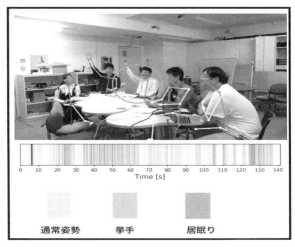

図1　学生の授業態度のＡＩ解析・分類（2018年の実験場面）

を上げる」あるいは「居眠りする」などの具体的な行為に分類することである。この結果は、図の下にある帯に表示される。本来はひとりひとつの帯が表示されるので、図1の場合には5本の帯が表示される。しかし、ここではスペースの関係で中央にいるひとり（中島准教授）の分析結果の帯だけを示してある。ここではゼミのような少人数の場合を想定しているが、このような状況ならば「手を上げる」および「居眠りする」位の大きな動作は70％程度分類可能であった（2018年の研究成果）。

　2019年には、現実的な授業場面を想定して実験を行った（次頁図2）。この実験では大学院における「研究成果発表会」の映像を用いたが、図のように小中高校の授業場面とほぼ同じような状況である。

　2019年の実験では、もうひとつ新しい試みを行った。

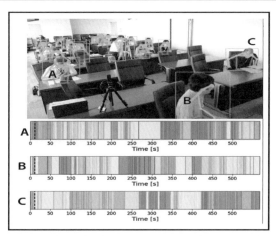

図2　学生の授業態度のＡＩ解析・分類（2019年の実験
場面）

　２０１８年の実験では、ＡＩは１秒間３０フレームそれぞれのフ
レームを解析した。それに対し２０１９年の実験では、ひとつの
フレームを解析するときに前のフレームの解析結果も考慮したう
えでＡＩは解析結果を出している。つまり、身体の動きの流れを
考慮してＡＩはその動きを読み取ることになり、その正確さは格
段にアップしている（註１２）。

　さて、このシステムは、どのように教育現場で活用されるのだ
ろう？　先に示したように、このシステムは完全に自動化されて
おり、まったく人間の関与無しに同時に多数の授業における学生
の態度を評価可能である。例えば、１日１００の授業がある大学
においてこのシステムを導入すれば、１００の授業すべてにおい
て学生の授業態度の評価を出すことができる。

　さらに、ここで例えばひとりの学生が「手を上げた」ならば「＋

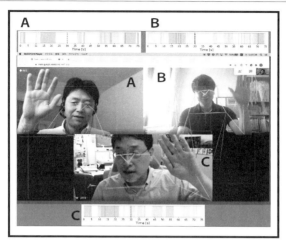

図3 「オンライン授業」における学生の授業態度のＡＩ解
析・分類（2020年の実験場面）

１０」、逆にひとりの学生が「居眠り」したならば「－１０」と
決めれば、Ａ教授の授業は１５０点、Ｂ教授の授業は７０点など
と得点化することも可能である。このような評価基準をシステム
に組み込めば、１００の授業それぞれに点数がつき、夕方にはそ
の日１日に行われた全ての授業の得点リストを見ることが可能に
なる。そして必要に応じて、個々の学生の授業態度に関してもＡ
Ｉに集計・評価させることができるのである。

　ところで、このプロジェクトを２年間続けて来たところで、「新
型コロナウイルス感染拡大」が起こった。そこで、私たちのプロ
ジェクトではこれまでの研究成果を活かして、「オンライン教育
における受講生の受講態度を評価するシステム」の開発に着手し
た。その実験場面が、図３である。図３は学習者が手を上げてい

る場面を想定し、ＡＩに解析および分類させた結果である。

　この研究成果は、今後の「オンライン教育」における授業評価や学習者の受講態度評価にも十分応用可能であると考えている。例えば、ＭＯＯＣのように受講生が多数いる場合、人間の教師が受講生の受講態度を評価することは不可能である。しかし、このシステムを利用すれば、受講生が何万人いてもＡＩが画像を解析・分類することにより受講態度をある程度まで評価することが可能になる。

　以上、現在進行中のプロジェクトの中から「ＡＩを活用した授業評価」プロジェクトを紹介したが、「教育現場におけるＡＩ活用」を考えるとき、ひとつの興味深い活用例になるだろう。

戦略 Ⅱ 「AI×データ時代」を前提に考える！

3 「AI×データ時代」とは、どのような時代か？

3.1 とても便利な「AI×データ時代」の到来

　２０１８年１月、アマゾンはアメリカのシアトルにAIを活用したコンビニ「Amazon go」を正式オープンさせた（註１３）。このコンビニでは顔認証などにAIが活用され、客はレジを通らずに買い物ができると言う。来店客が棚から持ち去った商品の金額が自動で計算され、その人のクレジットカードに請求させる仕組みになっている。その後、シカゴ、ニューヨーク、サンフランシスコなどで計１５店舗が展開されていると言う(2019年8月現在)。

　「Amazon go」を利用するには、まず専用アプリのダウンロードとクレジットカードの情報と請求先住所などを登録する必要がある。登録が済むと、QRコードのような「入場キー」が発行される。それを「Amazon go」の店舗入り口にある「改札」にかざせば、通り抜けられるようになるのである。「改札」の先には一般的なコンビニと同じように商品が並んでおり、手に取って品定めもできるようになっている。

　精算のためのレジは存在しない。自分が買いたい商品を持って「改札」をくぐりぬけると、それを購入したことになる。もちろん、一度手に取った商品でも棚に戻せば請求されることはない。つまり、ほしい商品を自分のバッグに入れてそのまま立ち去っても、後でしっかり請求されるので万引きしたことにはならないのである。

　このような精算システムは、どのような仕組みになっているのだろう？　この店内でひとつ特徴的なことは、天井には多数のカ

メラが配置されており、商品棚から通路までを監視していることである。さらに、商品棚には重さや音を計測するセンサーやマイクが配置してあり、そこから得られるデータをＡＩが解析して人の動きを判断する（「現在進行中のプロジェクト１」で紹介した「受講態度を評価するシステム」と基本的には類似したメカニズムである）。つまり、ＡＩによる画像認識や音声認識の技術を駆使して「誰がどの商品を持っているか」、あるいは「一旦は手に取ったが、その後商品を棚に戻した」などの行動を把握するシステムになっている。

　「Amazon go」のメリットは、レジで会計を待たなくても良い点と決済のスムーズさにある。昼休みなどの混んでいる時間帯でも、レジに並びイライラしながら待つ必要はない。経営者側から見ても、レジに人を配置する必要がないため人件費がかからないというメリットがある。人間が行うのは、商品の在庫・鮮度チェックと品出し程度なのである。

　さらに、アマゾンは「カメラ付き冷蔵庫」を作ろうとしていると言う（山本 2020a）。冷蔵庫の内部に「カメラ付きモニター」を設置することにより冷蔵庫の中を常に監視し、あらゆる食材のデータを集める。無くなった食材、少なくなった食材をネット経由でアマゾンに自動的に注文できれば消費者は非常に便利であるとともに、アマゾンにとっては大きな安定した売り上げにつながる。また、ここで集めたデータを基にその人の食材の好みを割り出し、的確なリコメンデーション、例えば「来月、上品な麦のうまみが広がる新しいビールが発売されます。予約しましょうか？」などと提案することも可能である。このような近未来を見越し、アマゾンはすでに「冷蔵庫の中にカメラを入れる」という特許を取得したという。

　加えて山本（2020a）は、「やがて、アマゾンは本棚やベッドや

洋服にも〝進出〟するかもしれない」と言う。本棚に取り付けたカメラで蔵書を撮影し、その画像をＡＩが解析する。その人の読書傾向を割り出し、「おすすめの新刊情報」を提供することができる。モニターに提示された「購入する」のボタンを押すだけで、次の日にはその本が届くというシステムである。ここまでくると何でもありで、洋服にセンサーが埋め込まれていれば、その服がどの季節にどのような頻度で着たかというデータが洋服ダンスに設置されたネット回線でアマゾンに届き、「今の季節、あなたにお勧めのワンピース情報」が洋服ダンスのモニターに表示されるようになるかもしれない。

　以上のような「とても便利なＡＩ×データ時代」を創ろうしているのは、アマゾンだけではない。多くの企業がそのような便利な社会を目標にかかげ、研究開発を行っている。ＡＩ×データ時代は、私たちにとってますます便利な社会になっていくだろう。

予測！

> 　ＡＩ×データ時代は、最新のＡＩにより、私たちにとってますます便利な社会になっていく。

3.2　サイバー空間と現実世界が「融合」する社会

　最新のＡＩは「機械学習（特に、ディープラーニング）」という技術によりＡＩ自身が自律的に学習を進めていき、社会を大きく変え始めている（註14）。具体例はたくさんある。

　例えば、私たちはもうすでに「カーナビ」が無ければ初めて行く目的地までたどり着けない。「カーナビ」はＡＩを駆使して渋滞している道路を避けできるだけ短時間で、そしてできるだけ安全に目的地まで誘導してくれる。また、「自動運転」にＡＩを活

用するという例は、マスコミ報道などでも最近よく目にするように
なった。この技術はほぼ完成しており、あとはより安全性を高
めるだけという段階である。これが実現されれば、私たちはより
短時間で、そしてより安全に目的地までたどり着くことができ、
しかも交通渋滞も解消されるだろう。

「ネットショッピング」や「グルメ」の領域ではもう、ＡＩ活
用が日常的になっている。「ネットショッピング」では、それま
での閲覧履歴にもとづく個々それぞれに特化した広告や過去の購
買履歴にもとづく「レコメンデーション（個々の利用者がほしが
りそうな商品の提案）」などの技術が活用されている。私たちは、
ＡＩのアドバイスに従いショッピングを楽しむことができる。ま
た同様に、ＡＩはレストランとお客のマッチングにも活用され始
めている。客がその日に食べたいもの、住んでいる地域、予算、
アレルギーの有無などを入力すれば、ＡＩが具体的なレストラン
を複数アドバイスしてくれる。一方レストラン側では、ＡＩを活
用して１日の（そしてそれぞれの時間帯の）来客数を予測し、従
業員やアルバイトの勤務シフトを決めることができる。さらに、
ＡＩが出した予測を参考にして、具材の仕入れなどを行うことも
できる。

また「医療」の現場は、「診断支援・治療支援」や「新薬開発」
においてＡＩの判断が重要性を増している（ニュートンプレス
2020）。例えば、ＡＩが最も得意とする領域の１つである画像解
析の技術を活用して「癌の病理診断」を行う研究が進んでいる。
がん細胞の有無を診断する病理診断において、医師の診断に見落
としが無いかをチェックしたり、１次診断によるしぼりこみをＡ
Ｉに担わせようとしている。また、新しい薬を作り出す「創薬」
の領域においても、ＡＩが短時間で効率的に無数の化合物の中か
ら特定の病気に効果のある物質を見つけ出し提案してくれる可能

性がある。

　良いことばかりでは無い。ＡＩを活用した「自律的兵器」の開発も、着実に進められている（小林2017、平2019、栗原2019）。これまでの兵器では、テクノロジーはその破壊力や攻撃範囲を拡大するために使われていた。しかし、ＡＩを活用した「自律的兵器」では攻撃対象となる敵を自ら判断して定めたり、相手を攻撃するか否かをＡＩが自ら判断する能力を備えようとしている。今後、大きな議論が起こるだろう。

　以上、近年話題になっている最新ＡＩの開発について概観したが、このようなＡＩの著しい発展により社会は「Society 5.0」の時代を迎えようとしている。「Society 5.0」とは、狩猟社会、農耕社会、工業社会、情報社会に続く第5の新たな社会を意味している。つまり、これからの「Society 5.0」の社会では、街や家庭、そして学校などに無数に取り付けられた監視カメラや様々なセンサーが人間の行動や状況を読み取り、それらの「ビッグデータ」をＡＩが解析し、ＡＩが私たちに対して様々な支援をしてくれるようになるのである。それは、ネットにつながった無数のＡＩが作るバーチャルな世界と私たちが日常生活をおくっている現実世界の境界が無くなることを意味している。まさに「サイバー空間とフィジカル空間（現実世界）が融合して一体になる」と予測されているのである（註15）。

　このように大きく変化しようとしている社会の中で、「教育現場」も大きな曲がり角に来ている。それは、人間とテクノロジー、そして「教育」とテクノロジーとの関係が、これまでとは大きく異なる「ＡＩ×データ時代」がもう目の前にせまっているということを意味しているのである。

3.3 教育現場における「ＡＩ活用」の推進

　文部科学省は、これからの「教育現場」について具体的に方策を示している。例えば、文部科学省が２０１９年（令和元年）６月に公表した「新時代の学びを支える先端技術活用推進方策（最終まとめ）」では、これからの「Society 5.0」社会を前提とした教育の在り方を示している（註16）。そこでは、教育現場に導入すべき先端技術としてＡＩやロボット、ＩｏＴ技術、そして「教育ビッグデータ」などが取り上げられている。以下、具体的に見てみよう。

　ＡＩに関しては、「それぞれの子どもの学力に応じた教材を提供する際に有効である」としている。つまり、ＡＩを活用することにより「繰り返しが必要な知識・技能の習得等に関して効果的な学びを行うことが可能になる」とする。

　そこで、ＡＩを活用するために必要となるのが「教育ビッグデータ」である。具体的には、ポートフォリオなど子どもの学習に関する様々な記録、加えて健康状態や家庭の事情、そして教師の指導記録などが「教育ビッグデータ」として活用される。このような「教育ビッグデータ」を収集・蓄積し、それらをＡＩが様々な視点から解析することにより、個々の子どもに応じた効果的な学習方法を提案することができる。さらに、「各教師の実践知や暗黙知を可視化・定式化したり、新たな知見を生成したりすることが可能」になるとする。

　また、この報告書では「遠隔教育」に関しても詳細に示されている。例えば、教育現場と国内外の大学や研究機関をネットでつなぐことにより、研究者や開発者から最先端の話を聞き学習するような新しい時代の教育を推進するとしている。また、ネットを活用して複数の学校間で交流学習することも推奨されている。例えば、海外の学校との交流学習、あるいは都会から離れた地方に

ある小規模校の子どもたちが他校の子どもたちと一緒に授業を受けるなどの試みが考えられる。さらに、日本語指導が必要な外国人児童生徒や病気療養のため病院に入院している子どもたちに対する遠隔授業は、学習機会の確保という観点からも有効であるとされる。

　文部科学省がこの「方策」を公表したのは２０１９年の６月であるが、２０２０年１月に発生した新型コロナウイルスの世界規模の感染拡大は奇しくも「オンライン教育」の必要性を教育現場に実感させた。実際、多くの高等教育現場では否応なしに「オンライン教育」の実施をせまられた。まさに「オンライン教育」は、「“あった方がよい”という存在ではなく、“なくてはならない”存在」であることを実感せざるを得なかったのである。

　しかし一方で、文部科学省（2019）の「新時代の学びを支える先端技術活用推進方策（最終まとめ）」では、単にテクノロジーを積極的に活用すればそれで良しとしているわけではなく、これからのＡＩ時代では「人間ならではの強み」が求められるとする。すなわち、「高い志をもちつつ、技術革新と価値創造の源となる飛躍的な知の発見・創造など新たな社会を牽引する能力」が必要であるとする。さらに、「膨大な情報から何が重要かを主体的に判断」する能力や「自ら問いを立ててその解決を目指し、他者と協働しながら新たな価値を創造できる資質・能力」を育成して行くこともまた同時に重要であるとしている。

　ＡＩ×データ時代は、学校経営や事務的な仕事の多くはＡＩが担うことになる。そして、子どもたちの学習記録、健康状態や家庭環境などの「教育ビッグデータ」はＡＩによって解析され個々の学習の状況が詳細に明らかになるとともに、それらの情報に基づいた具体的な指導計画がＡＩによって示されることになる。また、教室には「デジタル教科書」や「電子黒板」が設置されてお

り、それらの機器は全てＡＩによってコントロールされている。また、「電子黒板」の横にあるディスプレーはインターネットにつながっており、いつでも世界中の教室にいる子どもたちとコミュニケーションすることが可能なのである。語学が苦手な子どもには、ＡＩの翻訳技術が適切にサポートしてくれる。子どもたちはお互いの国で「ゴミの分別をどのように行っているか」や「子どもたちに人気がある職業は何か」など、リアルタイムで会話することが可能である。まさに、「サイバー空間とフィジカル空間（現実世界）が融合した教育現場」になるだろう（ＡＩ時代の教育現場に関しては、拙著『ＡＩ時代の教師・授業・生きる力』（渡部2020）で詳しく検討した）。

3.4 「マイクロチップ」を体内に埋め込む

　ここでひとつ、非常に大切なことを確認しておきたい。それは、「今現在のテクノロジーを前提にして教育現場について考えてはならない」ということである。なぜなら、今現在もテクノロジーは猛烈なスピードで発展し続けているからである。教育現場を考えるとき、私たちは５年先、１０年先のテクノロジーを前提として検討しなければならない。

　例えば、「体内埋め込み型マイクロチップ」の普及がすでに始まっている。北欧スウェーデンでは、２０１７年５月から世界で初めて、鉄道利用客の体内に埋め込まれたマイクロチップを乗車券の代わりに利用できる検札システムを導入したと言う（註１７・図２−１）。また、首都ストックホルムにあるイノベーションセンターでも、体内埋め込み型マイクロチップに対応した入退室管理システムが設置された。手に埋め込んだマイクロチップをかざしてオフィスの出入り口を解錠するという。さらに、スウェーデンを拠点とするマイクロチップ専門開発ベンダー「バイオハッ

クス」では、従業員およそ３５００名がすでにマイクロチップを埋め込んでいると言う。もはや、体内にマイクロチップを埋め込むこと自体、技術的には何の問題もなく実現できるのである。

　今スウェーデンで起こっていることが日本の日常になるのもそう遠い日のことでは無い、と私は考えている。私が毎日通勤で利用している地下鉄の中では、ほぼすべての若者（学生や若いサラリーマン）がスマホに見入っている。その様子を毎日見ていると私には、彼らは「スマホを使っている」と言うよりはもう「スマホと融合（一体化）している」と感じてしまう。もしスマホがなかったとしたならば、彼らは友達とコミュニケーションをとることも、自己表現することも不可能なのではないか？　彼らはすでに、「記憶」「思考」「感情」そして「欲望」までもがスマホ（ＡＩ）と融合（一体化）しているように思えてくる。

図２−１　スウェーデンの国有鉄道会社が導入したマイクロチップ・チケットシステム（乗務員が乗客の手首に埋め込まれた「マイクロチップ＝チケット」をチェックしている）（註17）

そして彼らに対し、もし「あなたの手首に米粒ほどのマイクロチップを埋め込めば、ＩＤ認証やパスワード入力などの面倒な手間が省けます」と言ったとしたならば、「それでスマホがさらに快適に使えるならば喜んで」と（スウェーデンの若者と同様に）すんなり受け入れるかもしれない。近い将来、手首に埋め込んだマイクロチップが家やオフィスの鍵、自動車の鍵、クレジットカード、銀行カードなどの代わりとしてごく日常的に使用されるようになるのかもしれない。

　そして、もし「体内にマイクロチップを埋め込む」という発想に対し私たちが何の抵抗も感じなくなったとしたならば、その先には「究極のテクノロジー」が待っている。それは、「ブレイン・マシン（コンピュータ）・インターフェイス　Brain-Machine Interface ＝ＢＭＩ」と呼ばれている。簡単に言えば、人間の脳に電極を埋め込みＡＩと直接つなぐための技術であるが、現在ビジネス界を巻き込んでの研究開発が進んでいるのである。

3.5　ＢＭＩ：究極の「効率的な教育」？

　日本においても２０１３年の時点で、「ＢＭＩ」に関する一冊の書籍が刊行されている。櫻井芳雄著の『脳と機械をつないでみたら：ＢＭＩから見えてきた』（岩波書店 2013）の「はじめに」の中で、櫻井は次のような実験を紹介している。

　　世紀が改まったころのある日、私の目はパソコン画面上の映像にくぎづけだった。そこに映っている男性の頭にはコップ大の金属箱が取りつけられ、太いケーブルが後ろへ延びていた。男性はなにやらつぶやきながら１メートルほど離れた大きなディスプレイを見つめ、そこに太い線でややいびつな円を描いていた。しかし手足で何かを操作している様子はない。男性はそのいびつな円

を、自分の脳内にある神経細胞（ニューロン）の集団が出す電気信号（スパイク）により描いていたのである。

　コップ大の金属箱は、脳内に刺さっている数十本の細い金属電極とつながった小型の増幅器であり、そこから延びたケーブルは室内にある高性能のコンピューターにつながっている。コンピューターは金属電極の近くにある多数のニューロンが出すスパイクの発火パターンを解析し、円を描こうとしている男性の意図を解読して、そのとおりにディスプレイ上に線を描いていた。脳で機械を直接操作するシステム、すなわちブレイン - マシン・インタフェース（Brain-Machine Interface ＝ ＢＭＩ）の実現である。男性は脊髄損傷により四肢が麻痺したマシュー・ネーゲルさん（すでに故人）、映像はアメリカの医療系ベンチャー企業がそのウエブサイトで公開したものであった。　　　　　　　　　　　（櫻井 2013）

　櫻井はこの実験に対し、「なんとまあ無茶な・・・」という感想を持ち、ＢＭＩの研究はまだ初期段階に入ったばかりであり実用化が近いとは思えないと述べている。しかし、実際にコンピュータを直接人間の脳に接続してデータをやりとりするテクノロジーＢＭＩに関しては、１９７０年代からＡＬＳ（筋萎縮性側索硬化症）や脊髄損傷による麻痺を負った人の意思表示の手段として研究が積み重ねられてきた。さらに例えば、ホンダなどのグループはＢＭＩを自動車の運転支援に活用しようとして研究を進めている。２００９年の時点で、脳活動に伴う頭皮上の電位変化と脳血流の変化を計測したデータを統計処理する情報抽出技術を開発している。この装置を使用者の頭部に装着し、使用者は身体を一切動かさずにその選択肢をイメージしただけで、ロボットが手や足を上げるなどの動作を行う実験に成功したと発表した（註１８）。
　そもそもＢＭＩとは、これまで手や足で操作していたスイッチ

などを種々の装置で計測した脳活動のデータに基づいて機械（ロボットなど）を制御しようとする技術である。櫻井が示した例が外科手術で脳に電極を埋め込む侵襲型と呼ばれるＢＭＩ、ホンダの例が頭皮にセンサーを接触させるだけの非侵襲型と呼ばれる方法である。この非侵襲型では脳に電極などを刺すことなく、脳の外部から脳内で発生している微弱な電流や血流の変化を捉えるのである。

　さらに、この技術の研究開発に対し熱心に取り組んでいるのが軍事領域である。兵士の脳にチップを埋め込むという、まさに「サイボーグ兵士」の研究がＤＡＲＰＡ（アメリカ国防高等研究計画局）などの国家的な軍事部門で行われていると言われている（岡本 2018）。たぶん今後、この領域の研究開発がＢＭＩの発展を牽引してゆくことになるだろう。

　以上のようなテクノロジー発展の先には、「頭の皮膚に電極を貼り付け、ＡＩに学習させたデータを脳に流し込めば良い」という発想も生まれてくる。さらにその先には、「人間の脳にチップを埋め込み、効果的・効率的に知識を脳に伝達する」という考えにもつながる。そして実際、このような夢物語をビジネスに結びつけて実現しようとしている起業家もいる。自動運転技術の開発やロケット開発といった野心的な起業を続けているイーロン・マスク（Elon Musk）は、脳に電極を装着するシステム「ニューラルレース Neural Lace 」の開発を進めている。イーロン・マスクは２０１９年、自動運転テクノロジーを搭載した電気自動車の販売を開始し、同時に民間企業として初めて有人宇宙飛行船の打ち上げに成功した。そして、次の目標に掲げるのが「ニューラルレース」なのである。この点に関する詳細は、9の節であらためて検討する。

3.6　ＡＩ×データ時代は同時に「ＶＵＣＡ」の時代

　私は「今、時代が大きく変わろうとしている」ことを実感している。まず、これからの時代は「ＡＩ×データ時代」になることは間違いないだろう。しかしながら、それは必ずしも「発展し続ける社会」を意味しているわけではない。

　物理学者でノーベル賞受賞者・デニス・ガボールは１９７２年、それ以降の社会を予測して『The Mature Society. A View of the Future（林雄二郎訳『成熟社会─新しい文明の選択』日本語版は、1973)』を出版した。ガボールによれば、「成長社会」はいずれ否応なく「成熟社会」に移行していく。そして、「成熟社会とは、人口および物質的消費の成長はあきらめても、生活の質を成長させることはあきらめない世界であり、物質文明の高い水準にある平和なかつ人類の性質と両立しうる世界である」と指摘する（ガボール、林訳 1973）。

　現在の日本社会は、約５０年前にガボールが予測したように、著しい発展は終焉を迎え「成熟社会」に入ったように思われる。しかし残念ながら、この時代はガボールが予測したように単純に「平和」と言えるような社会ではなく、むしろ最近しばしば耳にするように「ＶＵＣＡ」を特徴とする時代になったことを実感する。「ＶＵＣＡ」とは、「Volatility＝不安定」「Uncertainty＝不確実」「Complexity＝複雑」「Ambiguity＝あいまい」の頭文字をつなぎ合わせた造語で、１９９０年代後半に米国で軍事用語として発生したものが２０１０年代になってビジネスの業界でも使われるようになった言葉である。これら４つの要因により、今後の社会がきわめて予測困難な状況に陥ると言うのである（註１９）。

　まず、今後の日本社会にとって非常に深刻なのは、「人口減少・少子高齢化」である。国土交通省によれば、２００６年に１億2,774万人だった日本の総人口は ２０５０年には１億人

程度となり、さらに２１００年の予想人口は６，０００万人を割り込むまでに減少する（註20）。また総務省によれば、労働力に直接つながる生産年齢人口（15歳から64歳まで）は２００５年時点で８，４０９万人だったのが、２０５０年には約５，０００万人程度まで落ち込むと予想されている（註21）。「働き盛り」人口の減少は、生産力の低下と同時に消費の縮小をもたらし景気停滞を誘発する。これは、日本としての国力の低下にも直結する。

　高齢化も深刻である。65歳以上の高齢者が人口に占める割合が２０５０年には40％を超えると予測され、高齢者の年金、医療、介護の負担は少なくなった若者に重くのしかかる（註22）。

　さらに、近年深刻になっている地球温暖化や気象変動による様々な災害も、社会を大きく変える可能性がある。２０１１年３月１１日、東日本大震災が発生した。仙台に生まれ育った私は子どもの頃からしばしば地震を経験していたが、今回の地震は桁外れに大きいものだった。そして、この地震がとてつもなく大きな津波を引き起こし約２万の人々を飲み込んだことを知ったのは、次の日の夜であった。約24時間の停電の後テレビニュースで見た映像は、津波が街全体を押し流す様子であった。それに続いて報道されたのは、東京電力福島第一原子力発電所の事故、そしてかなり長期間続くであろう「廃炉作業」の報道であった。その後も、地球温暖化や気象変動による様々な災害はとどまるところを知らない。そして、２０２０年の新型コロナウイルス感染の世界的な拡大である。

　今後も私たちは、さらなる困難に遭遇するだろう。「南海トラフ巨大地震」「首都直下地震」そして、さらなる「新しいウイルス感染」など、まさに「ＶＵＣＡ」の度合いが増している。

　高度経済成長期における社会と学校教育の関係は、とてもわか

りやすく確実なものだった。きちんとした「教え込み型の教育」により多くの知識を獲得し良い幼稚園、良い小中学校、そして良い高等学校に入学することは、その後の人生の「幸福」にも直結していた。厳しい「受験戦争」を勝ち抜き良い大学に入ってさえしまえば、その後はその学歴を利用して一流企業に就職することができ、高収入を手にすることができた。高学歴・一流企業・高収入は良い結婚にも結びつき、子どもが生まれれば多くの資金を子どもの教育費にかけることができる。一流企業のなかでそれなりの地位に就いていれば、定年後も豊かな生活をおくれる確率が高い。不幸にも大きな病気にかかったとしても、高額な最先端の医療が受けられる。このようないわゆる「学歴社会」は、戦後日本の高度経済成長期のなかで疑われることのない唯一の価値観として定着してきた。

　しかし現在、これまでとはまったく異なる時代に入った。ＡＩ×データ時代、そして「ＶＵＣＡの時代」における「新しい教育」とは、どのようなものなのだろう？

予測！

> ＡＩ×データ時代は同時に、社会における「不安定・不確実・複雑・あいまい」が増す「ＶＵＣＡの時代」になる。

4　ビッグデータの誕生と自律的に学習する最新のＡＩ

4.1　最新ＡＩの背景にある「ビッグデータ」誕生

　皆さんは「ＡＩ」に対して、「人間がプログラミングしなければ自らは何もできない機械」と考えているのではないだろうか？確かに「ひと昔前のＡＩ」は、「人間がＡＩにさせたいことをひとつひとつプログラミングしていた（教えていた）」。

しかし、２０１０年頃から話題になっている最新のＡＩは、コンピュータが自ら知識を獲得するための自律的な学習、つまり「機械学習」を行う。多くの人は、「ＡＩという単なる機械が自ら自律的に学習を進める」ということに対して大きな違和感を持つだろう。しかし実際、一昔前のＡＩは「人間がすべてプログラミングしていた（教えていた）」のに対し、最新のＡＩは「自ら自律的に学習を進める」のである。そして、この時重要になってくるのが「ビッグデータ」である。「ビッグデータ」があって初めて、ＡＩは「自ら自律的に学習を進める」ことができる。ここで、その「ビッグデータ」が社会の中でどのように誕生するに至ったのかを段階（時間）を追って振り返ってみることも、最新ＡＩを理解する上ではとても参考になるだろう。

　まず第１に、１９８０年代に起こった「パソコン」の出現は、コンピュータの歴史において、まったく予想外の展開だった。１９４０年代に誕生したコンピュータは、その後の４０年間一貫して高性能化を続けてきた。その基礎となった考え方は、１台のコンピュータで何でもできるという「メインフレーム」の開発であった。当時の人々の多くは、将来世の中には今で言う「スーパーコンピュータ」だけが存在していて、一部の特権的な機関だけがそれを使用できると考えていた。

　しかし１９８０年代、コンピュータは高性能化と低価格化により「大企業や学術機関の研究所にのみある超高価なコンピュータ」から個人でも使えるような「パソコン」に代わった。低価格化が進んだ「パソコン」は一挙に一般家庭にも普及し、ゲーム機やワープロ機として日常的に使用されるようになる。また、企業が業務処理に用いていた大型計算機もパソコンに置き換えられてゆく「ダウンサイジング」現象が起きた。これは、「メインフレーム」の開発に邁進していたときには全く予想していなかったことであった。

第2の展開は、１９９５年代以降の「インターネット」の普及である。そもそもインターネットは、軍事用コンピュータをネットワークでつなぐために開発された技術である。そして１９６９年、ユタ大学やカルフォルニア大学サンタバーバラ校などで４台のコンピュータを電話回線でつないだ「ＡＲＰＡＮＥＴ」が研究目的で開発された。その後、世界各国で研究機関や大学、コンピュータ関連大手民間企業のコンピュータをつないだネットワークが続々と登場、相互接続することでネットワークが拡大してゆく。日本では１９８４年に、東京大学、東京工業大学、慶應義塾大学のコンピュータをつないだ「ＪＵＮＥＴ」がスタートしている。

　しかし、そのインターネットが、１９９０年代後半から急速に一般社会に普及しはじめた。そして、ネット回線は２００２年を過ぎた頃から速度が大きくアップし、Ｗｅｂ上に存在する情報の量は一挙に増大してゆくのである。

　第3に、インターネットの普及に伴い、専門家ではない一般の人々が個人情報を公開し始めたのは予想外の展開であった。それまでは、Ｗｅｂ上に情報をアップするのは特権を持つ一部の人に限定されていた。しかしインターネットの普及に伴い、一般の人々もＷｅｂ上に個人の情報をアップし始めた。当時「Ｗｅｂ２.０」と呼ばれていた「ソーシャル・ネットワーキング・サービスＳＮＳ」や「ブログ」などを活用して、一般の人々がＷｅｂ上に自由にそして簡単にデータを公開できるようになり、Ｗｅｂ上の情報量は一挙に増大していったのである（梅田 2006）。

　第4の展開は、「スマートフォン（以下、「スマホ」）」の爆発的な普及である。インターネットは２００７年以降、スマホともつながり、Ｗｅｂ上の情報量は加速度的に増加して行く。それまではインターネット端末といえばコンピュータだったが、それに加え手のひらにのるコンピュータ、つまり「スマホ」が爆発的に普

及していったのである。総務省の調査によるとスマホの世帯保有率は、２０１０年末には9.7％だったが、２０１５年末には72.0％まで上昇し、５年間で急速に普及している（註22）。

　さらに、２０１０年頃から簡単に個人的な写真を公開できる「インスタグラム」が開発されると、「インスタ映え」する多くの写真が投稿され始める。また、動画共有サービス「ＹｏｕＴｕｂｅ」の開発は、Ｗｅｂ上の情報量を一挙に増大させた。

　そして、第５の展開が近年急速に進んでいる「ＩｏＴ Internet of Things」の普及である。それまではコンピュータやスマホなどの限られた端末にがつながっていた「インターネット」が、あらゆる「モノ　Things」をつなげるネットワークに拡大している。例えば、テレビや冷蔵庫、電子レンジや炊飯器、そしてエアコンやお風呂の湯沸かし器などにあらかじめ内蔵された「マイクロプロセッサ」がネット回線につながれば、外出先でもエアコンを入れ涼しい部屋に帰宅でき、すでにお風呂も沸いているということも可能になる。そして同時に、そのときの使用記録は企業がデータとして利用することが可能になり、そのデータを参考にして商品の評価をしたり、新たな商品開発に活用するようになるのである。１.２でも示したが、ユーザーがネット回線を通して行った行為は、データとして企業側にも伝わり蓄積されるという事実は、今後の展開にとって重要である。

　さらに、街中の防犯カメラや様々なところに設置されている各種センサーにより人々の活動は刻々とデータ化され、ネット回線を経由して企業の大規模サーバーに収集・蓄積される。まさに、Ｗｅｂ上の情報量は「ビッグデータ」として指数関数的に増大している。そして、そのような「ビッグデータ」を基盤として２０１０年以降、新しいＡＩは著しい発展を続けているのである。

4.2　昔は、人間がＡＩにすべてを「教えて」いた

　「ひと昔前のＡＩ」は、「人間がＡＩにさせたいことをひとつひとつプログラミングしていた（教えていた）」。しかし、２０１０年頃からは「自ら自律的に学習を進める最新のＡＩ」が話題になっている。次に、このＡＩの発展について少し詳しく見ていこう。

　まず最初に、１９８０年代から約３０年ほど主流であり続けた「ひと昔前のＡＩ（第２次ブームのＡＩ）」について振り返ってみよう。この「ひと昔前のＡＩ」は、主に「エキスパートシステム」と呼ばれていた。それは、以下のようなＡＩであった。

　世の中には「エキスパート」と呼ばれる人たちがいる。例えば、医者や弁護士、そして将棋や囲碁の棋士などがその代表だろう。コンピュータの性能が著しい発展を遂げる中で、様々な「エキスパート」と呼ばれている人たちの頭の中で起きていることを実際にコンピュータによりシミュレーションしてみようという試みが１９８０年代、盛んに行われた（渡部 2018）。

　まず研究者が行ったことは、「エキスパート」と呼ばれている人たちの仕事を詳細に分析することである。そして、ひとつひとつの作業をコンピュータに代行させるため、ひとつひとつプログラミングした。ここでは、できるだけ優秀なプログラマーが、できるだけ優秀なプログラムを、できるだけ高性能のコンピュータに入力すること、つまり「優秀なＡＩ」が目標とされた。これが、１９８０年代の第２次ＡＩブームである。

　そして、私たちがその研究成果に驚かされたのはチェス専用のコンピュータシステム「ディープブルー」が人間のチェス・チャンピオンに勝利したという報道を耳にしたときだった。１９９７年５月、ＩＢＭ製の「ディープブルー」が、世界チェス・チャンピオンのガルリ・カスパロフを２勝１敗３引き分けでやぶったのである（図４−１）。この事件は「コンピュータが人間の知能を

図4-1　IBM製の「ディープブルー」対ガルリ・カス
パロフ 1997 年（写真：AP／アフロ）

初めて追い越した」という歴史的な瞬間であるとされ、世界中で
大々的に報道された。

　「ディープブルー」は５１２台のコンピュータをつないだスー
パーコンピュータで、チェス専用の「エキスパートシステム」
を組み込み１秒間に２億手以上読む能力を備えていた。チェ
スでは、ひとつの局面について可能な手数は平均３５通りあ
る。２手先でもそれぞれに３５通りの可能性があるから、３５
の自乗通りあることになる。１手に許された時間は、平均３分。
ディープブルーは、その間にしらみつぶしに可能な局面を調べ
あげる。そして、３分間に１４手先までのすべての局面を調べ
る。局面の数は３５の１４乗で２２桁の数になり、兆の上の京
の上の垓という、まさに天文学的な数字になる（35 の 14 乗 =
4,139,545,122,369,384,765,625）。ディープブルーは信じられないよ
うな速さでそのすべてを調べあげ、１４手先の最善の手を予測、
そこから逆にさかのぼって次の一手を決める（コダルコフスキー
1998）。チェスの強さが「賢さ」の基準とされる欧米では、古く
から「チェスをするコンピュータ」の開発が夢だったが、それが

とうとう現実のものになったのである。

　さて、チェスに勝利したＡＩの研究者が次に目指したのは、チェスと比較し「次の手」の選択肢がずっと多い「将棋」や「囲碁」である。しかし、ＡＩが「将棋」や「囲碁」で人間に勝利するまでには、ディープブルーの成功から約２０年間の研究の積み重ねが必要だった。なぜ、ここまで時間がかかったのだろう？　「将棋」や「囲碁」の場合、ある状況において次の手として考えられる手数は「チェス」と比較してはるかに多い。例えば将棋の場合には、相手から取った駒を再度使うことができるので、次の手の選択肢は大きく広がる。そして囲碁の場合には、ルールは簡単だが次の手として考えられる選択肢は膨大である。当時「ディープブルー」を開発したメンバーのひとりは、「チェスはパターンを読むことが重要だが、囲碁は直感や目算が重要とされる」と話したと言う（神崎2016）。そしてＡＩ研究には、ディープブルーの成功の後、長い「低迷期」が訪れるのである（註２３）。

　結局２０年以上の歳月を経てＡＩ研究者が見つけ出した方法は、「人間がすべてプログラミングするのではなく、ＡＩ自身に学習させる」というものであった。つまり、２０１０年頃から「第３次ＡＩブーム」を巻き起こしている最新のＡＩは、「機械学習」を行うのである（松尾2015、神崎2017など）。以下、最新のＡＩが、どのようにして自ら学習を進めて行くのか、少し詳しく見てゆこう。

４.３　自律的に「学習」する最新のＡＩ

　「第３次ＡＩブーム」の象徴とされる出来事が、２０１６年３月に起こった。最新のＡＩである「アルファ碁」が囲碁の世界チャンピオンのイ・セドル氏に勝利したのである（図４−２）。イ・セドル氏は韓国棋院所属の九段で、国際棋戦優勝十数回などの実績

をもつ世界最強の棋士と言われているひとりである。「アルファ碁」は全5戦のうち4勝を勝ち取り、イ・セドル氏の敗戦が決まった。

　囲碁は2人のプレーヤーが白と黒の碁石を「19×19」の碁盤上に交互に置いていき相手の石を取り囲みながら自分の領地を広げ、最終的にお互いの領地の面積を競うゲームである。ルールはシンプルだが考えられる手の数はあまりにも膨大になり、チェス専用ＡＩ「ディープブルー」のように数手先まで起こりうるケースをしらみつぶしに調べて勝負するということは不可能である。それにもかかわらず、「アルファ碁」は世界チャンピオンに勝利したのである。

　ここでさらに世界中の人々を驚かせたのは、「アルファ碁は囲碁専用に作られたＡＩではない」ということだった。「アルファ碁」には、囲碁のルールすらプログラミングされていない。つまり、「アルファ碁」は人間が囲碁の打ち方や勝ち方を教えた（プログラミングした）「エキスパートシステム」ではないのである。これは、チェス専用ＡＩ「ディープブルー」とは本質的に異なっているところである。

図4−2　最新のＡＩ「アルファ碁」2016年
　（写真：AFP＝時事）

「アルファ碁」の基になっているＡＩは「ＤＱＮ　deep Q-network」と呼ばれている、いわゆる「汎用型ＡＩ」である。「汎用型ＡＩ」は「エキスパートシステム」とは異なり、ある特定の作業をするようにはプログラミングされていない。「ＤＱＮ」はルールが異なる様々なゲームで勝利できるように開発されているが、それぞれのゲームのルールは「ＤＱＮ」自身が学習しなければならない（三宅 2016、神崎 2016）。開発で用いられたゲーム機は、米国アタリ社の「アタリ２６００　Atari 2600」である。このゲーム機は昔から人気のあるもので、日本では「ブロック崩し」や「パックマン」などで知られている。開発では４９種類のゲームを「ＤＱＮ」にプレイさせ続けた。ゲームによって成果は異なるが、多くの場合は数日で人間の上級者よりうまくプレイできるようになったと言う。そして、囲碁の学習を中心に行った「ＤＱＮ」が、特に「アルファ碁」と呼ばれている。

　さて、「アルファ碁」はどのように囲碁を学習したのだろう？「アルファ碁」が囲碁を学習する過程は、3段階に分かれている（三宅 2016、神崎 2016、日経ビッグデータ 2017）。

第1段階：ＡＩ自身による（人間の関与無しの）自律的な学習

　まず第1段階で、「アルファ碁」はＷｅｂ上の囲碁対局サイトにある１６万の対局それぞれの局面、計約３０００万局面の棋譜を読み込み学習する。ここで「アルファ碁」は、膨大な数の「問いと答えのセット」を学習する。つまり、「ある局面における次の一手はどのような手なのか」という問いとＷｅｂ上の棋譜がしめす「次の一手」という答えの対を膨大な数、学習するのである。これはＡＩに対し明確に答えを示すことになるため、ＡＩ研究領域では「教師あり学習」と呼ばれている。この段階でＡＩは囲碁のルールや定石を学習し、さらに様々な棋譜の特徴を学習するこ

とで強くなって行くのである（註２４）。

第２段階：ＡＩ同士が（人間の関与無しに）学習しあう段階

　第２段階は、ＡＩ研究領域では「教師なし学習」と呼ばれている段階である。第１段階で囲碁のルールや定石を覚え様々な棋譜の特徴を学習することである程度強くなったＡＩは、第２段階で「ＡＩ同士の対局」を自動で行なう。「アルファ碁」の場合その対局数は３０００万対局とされているが、対局はＡＩ同士が（あるいはひとつのコンピュータの中にある２つのＡＩ同士が）自動で行うため、人間の負担はまったくない。ＡＩは架空の対局を自分自身で繰り返すことにより、「勝つためにはどうしたらよいのか」を学習する。試行錯誤を繰り返しながら、「アルファ碁」自身が自ら新しい戦略を学んでいくのである。

第３段階：プロの棋士との対戦による学習

　最後の段階で、「アルファ碁」は実際にプロの棋士と対戦する。プロの棋士は当然疲れるので対戦数は限られるが、「アルファ碁」はこの経験により特に「プロの棋士はどのような手をさすのか」を学習する。そして再び、ＡＩ同士や自分のシステム内での対戦を繰り返す。ここでは、多く繰り返すほど様々な手を経験し学習を進めていくことになる。

　トレーニングが完了した後、他のチームが開発した囲碁プログラムとトーナメント形式で対決させたところ、「アルファ碁」が５００戦で４９９勝という圧倒的な勝利をおさめたと言う。その後、３回の欧州チャンピオンの実績を持つプロ棋士に５戦全勝したのが２０１５年１０月のこと。そして２０１６年３月には、世界チャンピオンのイ・セドル棋士に勝利することができたのである。

以上のように、「アルファ碁」の学習は「教師あり学習」と「教師なし学習」というふたつの「機械学習」を組み合わせた学習方法を採用している。最初は「教師あり学習」で囲碁のルールや定石を学習し、次に「教師なし学習」で膨大な数の対戦を繰り返し行い学習を進めてゆく方法である（註25）。このようなAIの「機械学習」は、教育現場における「主体的な学び」や学習者同士の学び合いを導く「アクティブラーニング」と似ていることに、私はとても驚かされたのである。

予測！

> ＡＩ×データ時代のＡＩは「自律的に学習」したり、ＡＩ同士が「学習し合う」方法により能力を向上させていく。

4.4　「問いと答え」を教えて「解き方」を考えさせる

　もうひとつ、私がとても興味深いと感じていることは、「アルファ碁」が学習の対象とするのは「問いと答えのセット」であるという点、そして「アルファ碁にその解き方を探し出させる」と言う点である。

　例えば、「アルファ碁」がＷｅｂ上にある膨大な棋譜を学習するとき着目するのは、「棋譜のある場面と次の一手」のセットである。つまり、「アルファ碁」にとっての「問い」は「ある場面における次の一手とは、どのような手なのか？」ということであり、Ｗｅｂ上の棋譜が示す「次の一手」がその「答え」になる。このような「問いと答えのセット」に関する約３０００万局面という膨大なデータを読み込み、学習する。そして、この学習により「アルファ碁」は囲碁のルールや定石を獲得し、さらに様々な棋譜の特徴を学習することで強くなって行くのである。

このような「アルファ碁」の学習過程は、近代教育が「問いとその解き方」を教えることにより「学習者に答えを出させる」ことを基本としているのとは大きく異なっている。近代教育では、教育心理学や学習心理学による「少しでも効率的に少しでも多くの知識を頭の中に蓄積するためにはどうすれば良いか？」という研究成果に基づき、その教育方法を確立してきた。つまり、近代教育では「正しい知識を簡単なものから複雑なものへ、ひとつひとつ系統的に教えていく」ことを基本としてきた（この点に関しては次の５.１で詳しく検討する）。ここでは普通、教師は学習者に対し「問い」とともにその「問いの解き方」を教示する（例えば「２＋３＝？」という問いとともに、その「たし算」の方法を教示する）。学習者は、その「問いの解き方」を使って様々な問いを繰り返し解くことにより、その「問いの解き方」を習得していく。

　ところが大変興味深いことに、最新のＡＩでは「問いの解き方」を教えることはしない。ＡＩ自身が自律的に「問いの解き方を探し出す」のを期待するのである（三宅 2016、神崎 2016）。

　「アルファ碁」は最初の自律的な機械学習において、Ｗｅｂ上の囲碁対局サイトにある３０００万に及ぶ膨大な棋譜の「ビッグデータ」を読み込み学習する。この時、「アルファ碁」は「ビッグデータ」のひとつひとつの善し悪しを吟味することなしに片っ端から学習してゆく。ここで気になるのは、Ｗｅｂ上のデータはすべて「正しい手」とは限らない、「間違ってさした手」もたくさん存在しているということである。また、間違ってはいないけれども、アマチュアがＷｅｂ上に掲載した「レベルの低い手」もたくさんあるだろう。それは「アルファ碁」の学習に対し、どのように影響するのか？

　結論を言えば、「アルファ碁」など最新のＡＩが「ビッグデータ」

を対象として学習し判断するとき、それは統計的・確率論的に判断しており、データが膨大な量ゆえその解答は「だいたい正しい」という結果になる。これは、一昔前の「ＡＩ（エキスパートシステム）」が採用していた「きちんとしたデータをきちんと処理してゆく」という考え方とは本質的に異なっている。

　最新ＡＩが「ビッグデータ」を統計的・確率論的に判断していることは確かなのだが、大変興味深いことにＡＩを開発した研究者自身は自分が開発したＡＩが「どのように学習しているのか、その詳細についてはわからない」と言う。例えば、２０１５年から２年間、世界コンピュータ将棋選手権で優勝したＡＩ「ポナンザ」の開発者である山本によれば、開発の途中から「ポナンザ」がどのように学習しているのか「わからなくなった」と言う（山本 2017）。

　開発当初の２００７年、「ポナンザ」はプロ棋士が実際に指した手を手本として山本自身がプログラミングしていた（「エキスパートシステム」を採用していた）ので、ＡＩの内部についてすべて「わかって」いた。しかし、２０１４年以降「機械学習」を導入し「ポナンザ」自身にデータを学習させるようになってから、「ポナンザ」がどのように学習しているのか「わからなくなった」と言う。それにもかかわらず「ポナンザ」は、開発者の山本自身が戦ってもまったく相手にならないほど強くなった。２０１４年以降の「ポナンザ」の能力は「指数関数的に」高く成長し続けたという。そして、あっという間にトップレベルのプロ棋士と対等な、あるいはそれ以上の「強さ」を獲得してしまった。この現象は、約２年の間（２０１４年から２０１６年まで）に起こった。そして、世界コンピュータ将棋選手権で優勝したのである。

　さらに「ポナンザ」は、単に強くなっただけではなく、どんどん新戦法を指すようになった。人間同士の戦いではありえないと

されていた手順が次々と湧き出てきたのである。そして、そのような奇妙な手はその後、若い棋士たちの研究対象となり、現在では若い棋士がＡＩの考え出した手を積極的に取り入れているという（山本2017）。これが、最新のＡＩ研究開発における「問いと答えのセット」を学習させるという方法の特徴なのである（註２６）。

　私はこのような最新ＡＩの「機械学習」の特徴を知り、これからの「教育」を検討しようとしている私たちにとっても大きなヒントになると考えている。つまり私は、ＡＩ×データ時代の「教育」では、「答えを出す能力」よりも「課題の解き方を探し出す能力」の重要性が増すのではないかと考えている。なぜならＡＩ×データ時代では、「解き方」がわかっている課題のほとんどはＡＩが自動的に答えを出してくれるからである。

　近代教育では主に「問題」とその問題の「解き方」を教え、学習者には「その解き方を使って答えを出す」ことを求めてきた。この方法により学習者は「効果的・効率的」に学習を進めることができ、教育現場では広く受け入れられてきた。しかし、これからのＡＩ×データ時代の教育では、「課題の解き方を自分の頭で考えさせる」という視点が重要になってくるだろう。

予測！

> 　ＡＩ×データ時代の「教育」では、「答えを出す能力」よりも「課題の解き方を探し出す能力」の重要性が増す。

戦略 **III** 「効果的・効率的な教育」を問い直す！

5　ＡＩにより加速する「効果的・効率的な教育」

5.1　「効果的・効率的な教育」という常識

　戦後日本の「近代教育」は、主に「効果的・効率的な教育」を特徴として行われてきた。その背景には、戦後日本の「高度経済成長」という時代の潮流がある。つまり、「高度経済成長」における中心的な価値観である「発展・競争・効率」の重視に基づき「教育」を実施してきたのである（渡部 2013）。

　高度経済成長期における社会の目標は、「発展・・・給料が増えること、物質的に豊かになること、移動が速くなること、そして生活すべてにおいて便利になること」であった。そのために私たちは日々「競争・・・他の人との競争、他の会社との競争、他の学校との競争、他の国との競争」に心身をすり減らしながらがんばってきた。しかし、人間の力と時間には限界がある。だからこそ、短時間で多くの知識や情報を獲得するために「効率よく学習すること」が大切になる。

　「効果的・効率的な教育」は、教育心理学や学習心理学によっても支持されてきた。例えば、２０世紀前半期に最盛を極めた「行動科学（行動主義心理学）」は、学習者の能力を短時間で効率よく発達させるための学習理論を生みだした。また、２０世紀後半期に最盛を極めた「認知心理学」は、人間の脳をコンピュータのアナロジー（類推）として考えるという新たなアイディアを生みだし、「少しでも効果的・効率的に、多くの知識を頭の中に蓄積するためにはどのような教育、あるいは学習が必要なのか」を明

らかにしてきた（渡部 1998、2005）。その結果、「賢い人とは脳の中に多くの知識が蓄積されている人、そして必要なときに効率よく脳の中の知識を検索し取り出すことのできる人」、いつしかそのようなイメージが私たちに定着した。さらに、「正しい知識を簡単なものから複雑なものへ、ひとつひとつ系統的に積み重ねてゆく」という方法が学校教育に採用されてきた。教師は「正しいとされる知識」をできるだけ短時間で効率よく子どもたちに「教え込む」ことにより、「高度経済成長期の社会にとって優秀な子どもたち」を大量に生産してきた。

　もちろん教育現場では、このような「教育」に対しての問い直しの議論が行われたこともある。例えば、１９８７年に提出された臨時教育審議会の最終答申には、それまでの日本の教育を見直し、人材育成の考え方を変えるという方針が示されている。そこでは「知識・情報を単に獲得するだけではなく、それを適切に使いこなし、自分で考え、創造し、表現する能力が一層重視されなければならない」と記されている（苅谷・吉見 2020）。

　しかし実際には、それまでの教育が本質的に変わることはなかった。むしろ１９８０年代以降、教育現場におけるテクノロジー活用教育が盛んになるにつれ「効果的・効率的」という傾向は強まったと、私には感じられる。１９８０年代にパソコンが社会に普及し、教育現場でも「ＩＣＴ活用教育」が開始される。そして、１９９０年代後半にインターネットが爆発的に社会に普及し「マルチメディア活用教育」が流行した。そして、２００１年に「eラーニング」が世界的に流行するのである。そしてその後、「学習」は「いつでも、どこでも、誰でも」制限されることなく可能であるというイメージを多くの人々は抱くようになった。

　結局、１９８０年代以降、教育現場におけるテクノロジー活用がもたらしたのは、テクノロジーを活用することで「より効果的

に、そしてより効率的に教育を実施すること」であった。そして、教育現場では相変わらず、「より多くの子どもたちを、より優秀な人間に育成すること」を目標として現在に至っているのである。

5.2 「マルチメディアを活用した教育」の流行

　１９８０年代以降の「ＩＣＴ活用教育」の中でも特に大きな流行になったのは、１９９０年代後半から始まった「マルチメディア活用教育」である。

　４の節において「ビッグデータ」の誕生という視点からテクノロジーの発展について振り返ったが、１９９５年頃までには一般的なパソコンでも文字や音声、そして画像や動画など複数のメディアを統合して活用することが可能になっていた。さらに、その頃はインターネットが社会に普及・浸透し始めた時期でもあり、教育現場には「ネットワーク型マルチメディア」が教育を一層、効果的・効率的に行うために一躍買うだろうという大きな期待があった。ちなみに、１９９２年３月のコンピュータ普及率は、小学校５０％、中学校８６％、高等学校９９％である（坂元 1992）。文部省（当時）が１９９４年６月に「マルチメディア政策企画室」を設置したことを見ても、教育現場における期待の大きさが読み取れる（堀口 1995）。

　「マルチメディア教育」について、具体的な例を見てみよう。以下に紹介する事例は、日本教育新聞社主催による第３回「マルチメディア教育利用コンクール」（1994 年）で文部大臣奨励賞を受賞した中学校の実践である。実践のタイトルは「パソコン通信を用いた国際環境使節団との交流」である。

　この中学校では・・・

　　（前略、引用者）国際パソコン通信を通じて国際環境使節団

（IEE）の活動を支援するパソコン通信のフォーラムに参加、環境問題に関する情報を収集している。また、夏休みなどに生徒が「壊れかけている」と感じた自然の写真を撮影して歩き、それらの情報を自然環境データベースにした。その内容にメッセージを加えてパソコン通信のライブラリーに登録し、海外に情報発信している。人類の大きな課題になっている環境問題をもとに、中学生として身近な課題に主体的に取り組んでいるところが評価された。

（堀口 1995）

　この中学校教師は、みごとに子どもたちのやる気や行動を引き出していると賞賛を受けた。そして、そのような教師の実践を支えているのが「マルチメディア」という素晴らしいテクノロジーであるとされた。

　この延長線上に、「デジタル教科書」や「電子黒板」がある。一般に「デジタル教科書」とよばれているものは当初、教師が中心的な使用者の「指導用デジタル教科書」である。2005 年から普及が始まり、指導要領改訂を機に 2011 年より各教科に広がった。普通教室などで使われ、授業をわかりやすくサポートする補助的な役割として使われてきた。そして 2019 年 4 月「学校教育基本法等の一部を改正する法律」が施行され、「学習者用デジタル教科書」の使用が制度化された。これにより、紙の教科書を主な教材として使用しながら、デジタル教科書を併用・代用することができるようになった（註27）。ちなみにアメリカでは、2016年の時点でデジタル教材が３０％、印刷教材が７０％の割合となっていると言う（註28）。

　また「電子黒板」は、2009 年からモデル校（全国 115 校の小中学校）を対象として導入が始まり、ＩＣＴを活用した「わかる授業」を実現するための効果的な活用方法に関する調査が実施さ

れた（註29）。その後全国小中学校への導入が進み、２０２０年３月時点で、電子黒板にプロジェクタ、デジタルテレビを加えた「大型提示装置」の普通教室への整備率は約６０％までになっている（註30）。

　いずれにせよ、これらの「マルチメディア教材」や「デジタル教科書」「電子黒板」の導入の背景には、最新のテクノロジーを活用して「効果的・効率的な教育」を実現しようとする意図がある。「効果的・効率的」は「近代教育」の常識であり、教育現場では長い間受け継がれてきた価値観でもあった。

5.3　「常識」はどのようにして作られたのか？

　さてここで、このような「効果的・効率的な教育」がどのようにして教育の「常識」になっていったのかということについて、少しだけ振り返ってみよう。

　それは、今から約１００年前、学習心理学の領域で「学習理論に基づくプログラム学習」とよばれ大流行した教育方法にまで立ち返ることができる。この前提になっているのは、アメリカの心理学者Ｊ．Ｂ．ワトソンが創始した「行動主義心理学」である。「行動主義心理学」の基本的な考え方を、ワトソンは次のように述べている。

　　私に１ダースの健康でよく育った乳児と、私自身が自由にできる彼らを養育するための環境とを与えてほしい。そうすれば、そのうちの１人を無作為に取り上げ教育・指導して、私が選ぶどのような専門家にでも育てることを保証しよう。医師、法律家、芸術家、大商人・・・乞食や泥棒にさえも。その子どもの才能、好み、傾向、適性、先祖の民族に関係なく。

（Watson 1930／渡部訳）

子どもがどのような特性を持っていても、「教育」によってどのような人間をも作り上げることができると言うのである。つまり、「教育」において最も重要なことは「教師が、どのように教えるか」であるとされる。このワトソンに始まり、B．F．スキナーで集大成される「学習理論」に基づいた「プログラム学習」は、現在の教育現場における教育観や学習観にも大きな影響を及ぼしている。

　ワトソンの考え方を最も純粋に受け継いだ研究者スキナーは、現実的に観察できる行動だけに着目し、それを徹底的にコントロールしようとした。特に有名な研究は、「スキナー箱」と呼ばれる装置を用いた実験である（Skinner 1961）。スキナー箱にはレバーがついていて、このレバーを押せば自動的にエサが出るような仕組みになっている。スキナー箱の中に入れられたラット（ネズミ）は、最初意味もなく箱の中を動きまわっている。そのうちに偶然、レバーを前足で押す。するとスイッチが入り、マガジン（エサの貯蔵庫）の中から小さなエサの粒がチューブを通ってレバーの下にあるエサ皿に転がり出る。そして、ラットはエサを食べることができるというわけである。ラットはレバーを押すとエサが出て来るという体験を何度か積み重ねることにより、「レバーを押すとエサが出る」ということを学習する。ここまでは、スキナー以前の研究でも明らかになっていた。

　スキナーのオリジナリティは、ラットに対しさらに効率的に学習させようとしたことにある。例えば、最終的な目標は「レバーを押すとエサが出る」ということの学習としよう。スキナーのアイディアは「まず最初は簡単な課題を設け、その課題が成功したら徐々に難しい課題に進んでゆく」という考え方である。「スキナー箱」の実験では、次のような手順になる。

レベル１　レバーの方向を向いただけでエサを出す

レベル２　レバーに接近すれば、エサを出す

レベル３　レバーに触れた時に、エサを出す

レベル４　レバーを押したときに、エサを出す

　このように、学習させたい行動を一歩一歩ステップを踏んで形成して行くという方法を「プログラム学習」と呼ぶ。各レベルで目標の行動が形成されたとき、その行動を定着させる（強化する）ために「エサという報酬」を与える。この方法を「オペラント」と呼び、少しずつ基準を厳しくしてゆき最終的に目標に到達させる。スキナーは、このような方法により、目標とする行動を効率的に学習させようとした。この考え方はその後「科学的である」という理由により、「学習」の基本原理として学校教育などに広く浸透して行くことになるのである。

5.4　「プログラム学習」と「教育工学」の誕生

　「プログラム学習」では、ひとつのことを教えようとしたとき、それを「丸ごと教える」のではなく、いくつかの細かな項目に分解して教える。そして、それぞれの項目を「刺激Ｓと反応Ｒ」の組み合わせにして、簡単なものから複雑なものへと構成し直す。それを学習者に一問ずつ提示して解答させ、そのつどその正誤をフィードバックするという学習方式である（次頁図５−１）（註３１）。

　例えば、小学校における算数の授業で「５７＋６５＝」を教えようとする。はじめから「５７＋６５」を教えるのは無理である。最初は、「１＋１＝」から教えることからはじめる。この時、「刺激Ｓ：stimulus」は「１＋１＝」、「反応Ｒ：response」は「２」になる。それを何度も繰り返し学習することにより、「刺激Ｓ」

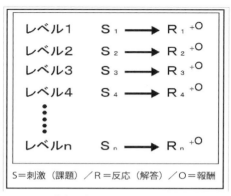

レベル1　　S_1　━━▶　R_1 $^{+O}$

レベル2　　S_2　━━▶　R_2 $^{+O}$

レベル3　　S_3　━━▶　R_3 $^{+O}$

レベル4　　S_4　━━▶　R_4 $^{+O}$

⋮

レベルn　　S_n　━━▶　R_n $^{+O}$

S＝刺激（課題）／R＝反応（解答）／O＝報酬

図5－1　「プログラム学習」の基本モデル

と「反応R」、つまり「1＋1＝」と「2」は結びついてゆく。この時、この結びつきをより効果的に行う教育方法が「オペラント条件付け」である。教師が問題（刺激）を与えたとき子どもたちから教師があらかじめ想定した答えが返ってくれば、「ご褒美（報酬）」を与える。このご褒美は一般的に、ごく初期の段階ではベビーチョコなど子どもが大好きなものを直接与えるが、徐々に「褒め言葉」に変更してゆく。また、掲示板に貼った棒グラフで子どもたちを競わせるという実践もよく見ることができる。このようにして「刺激S1」と「反応R1」の結合が確実に学習できたら、次の「レベル2」に進む。

　「レベル2」では、例えば「2＋5＝」など、「レベル1」よりは少し難しい課題に取り組む。しかし、その方法は「レベル1」と全く同じである。そして、「刺激S」の「2＋5＝」と「反応R」の「7」が結びついたら「ご褒美」をあげてその結びつきを「強化」する。この学習が確実なものになったなら「レベル3」に進む。「レベル3」では、例えば「7＋4＝」などのように繰り上がりがある課題の学習に進むかもしれない。しかしこのレベルに

おいても、その方法はそれまでと全く同じである。

　このようにしてレベルをひとつずつ上げてゆき、最後には目標とした能力が学習によって獲得できるというのが「プログラム学習」である。このように「最初は簡単な課題から始めて一歩一歩確実にステップを上げてゆけば、どのような難しい課題でも必ず解答できるようになる」と考えるのである。

　このような「プログラム学習」は、１９６０年代に工学研究と結びつき「ティーチングマシン」と呼ばれる刺激提示装置の発明をもたらした。当初この「ティーチングマシン」は、単純な電気回路を組み合わせただけのものだったが、個別学習に効果があることがわかると瞬く間に普及していった。

　１９８０年代、パソコンが爆発的に普及すると、これまでは単純な電気回路を組み合わせただけの「ティーチングマシン」はコンピュータに置き換えられてゆく。そして、「教育工学Educational Technology」と呼ばれる新しい学問分野が誕生するのである。教育工学の領域では特に、コンピュータの支援によって教育を行なうという試み、つまり「ＣＡＩ：Computer-Aided Instruction」を中心的なテーマとした研究が盛んに行われることになった。このようにして近代教育では１９８０年代以降、コンピュータを活用することにより効果的・効率的に「プログラム学習」を行ってきた。それは高度経済成長期の「発展・競争・効率」という価値観とも符合しており、広く社会の中で認められてきたのである。

　そして今、ＡＩが教育現場に導入されようとしている。

5.5　「効果的・効率的な教育」を支える最新のＡＩ

　「ビッグデータ」を活用した「最新ＡＩ」が今、教育現場に導入されようとしている。この「最新ＡＩ」がこれまでのテクノロ

ジーと本質的に異なるのは、単なる「教師が効果的・効率的に教えることを支援してくれる道具」にとどまっていないということである。つまり、最新のＡＩは「ＡＩ自身が子どもたちに効果的・効率的に教える」というレベルにまで到達しようとしているのである。間もなく、個々の子どもの特性や学力レベルにそって、多くの知識を効果的・効率的に教えることができる優れた「ＡＩ教師」が誕生するだろう。

そして私は、「ＡＩ教師」の原型とも言えるＡＩが、もうすでに私たちの目の前にあることに気づいている・・・「スマートスピーカー Smart Speaker 」である。「スマートスピーカー」は２０１４年にアマゾンが「Amazon Echo」を、そして２０１６年には Google が「Google hoom」を発売したのを皮切りに、複数の大手ＩＴ企業が独自のスマートスピーカーを発売し競争が激化している。「スマートスピーカー」は別名「ＡＩスピーカー」とも呼ばれているように、「音声認識」や「自然言語処理」の機能を持つ最新のＡＩある。「音楽を再生して（停止して）」と言えば、例えば「ｉＰａｄ」から流れる音楽をコントロールすることができる。「照明をつけて（消して）」と言えば部屋の電気をつけたり消したりすることができる。さらに、「今、何時ですか？」あるいは「ブリスベンの今日の天気は？」などと質問すれば、きちんと正しい答えを教えてくれる。

私の家にも、リビングに「スマートスピーカー」が置いてある。試しに「ティラノサウルスって何ですか？」と質問してみる。すると即座に、「ウィキペディアによると、ティラノサウルスは、約 6,800 万から約 6,600 万年前の北アメリカ大陸に生息していた肉食恐竜で・・・」と答えてくれる。

どのようなメカニズムになっているのだろう？　まず、私が発した「ティラノサウルスって何ですか？」という音声情報はネッ

ト経由でそれぞれの企業の「クラウド」に届けられる。先に示したように、「クラウド」と呼ばれるものの実体は、例えば Google の場合、Google 社が世界各地に設置している巨大な「データセンター」に置かれている大規模なサーバー群である。このサーバー群に「Google アシスタント」と呼ばれる AI および Google が世界中から集めている膨大なデータが蓄積されている。そしてこの AI が「音声認識」および「自然言語処理」の技術により私の音声をデータに変換し、指示された作業（ここでは Ｗ ｅ ｂ 上から「ティラノサウルスとは何か？」の答えを検索する）を行い、出された解答を再び音声に変換し、ユーザーの「スマートスピーカー」に送信して答える。

　この時、私が非常に興味深いと思うことは、ここで私が発声した「ティラノサウルス」という音声情報もまた「データセンター」のサーバー群にひとつのデータとして蓄積されるという点である。つまり、世界中から集められた様々な言語の「ティラノサウルス」という音声データが「音声認識」および「自然言語処理」などの技術発展のデータとして活用されるのである（山本 2020a）。

　以上のように、「スマートスピーカー」が世界中の家庭に普及していけば、それらの「スマートスピーカー」から日々ユーザーが発する音声データが「データセンター」の大規模サーバー群に蓄積されていく。そして、それほど遠くない未来、その「データセンター」で蓄積されたビッグデータを解析している AI は「何でも知っている AI 教師」、そして「どんな質問に対しても正しく答えを教えてくれる AI 教師」になるだろう。

　これまで私たちは、「何かわからないこと」あるいは「何か調べたいこと」があるとコンピュータやスマホの検索サイト（ほとんどの場合「Google」のサイト）に数語入力することにより、そ

の解答やヒントが書かれているＷｅｂサイトを紹介してもらい、そのサイトを自分で読むことにより知識を得ていた。しかし間もなく私たちは、「わからないこと」あるいは「調べたいこと」があったならば、「スマートスピーカー」に向かって「○○って何？」「○○ってどうゆうこと？」「○○のときは、どうすればよいの？」と話しかければ、「スマートスピーカー＝ＡＩ教師」は適切に解答してくれるようになるだろう。

　これまで子どもたちは何かわからないことがあれば、大人や先生に質問をしていた。しかしＡＩ×データ時代では、先生の代わりに「ＡＩ教師」に質問するのが当たり前になるだろう。もし、そのような日常がおとずれたならば、教育現場においてそれまであった「教える―学ぶ」という「教師―学習者」の関係性は確実に変化していくだろう。そして、これまでの教師が担ってきた「知識やスキルを教える」という役割のほとんどが「ＡＩ教師」に移行することになるのである。

予測！

　「ＡＩ教師」の登場により、人間教師の「知識やスキルを教える」という役割は失われていく。

5.6　近未来の「ＡＩ教師」とは？

　「ＡＩ教師」は、今後も進化し続けていくだろう。ここでは、そのような近未来をざくっと予測し描いてみよう。

　ＡＩ教師・・・正確にはＡＩが組み込まれている「ロボット教師」だが、もちろんＡＩ教師はＷｅｂやクラウド（大規模サーバー群）につながっている。つまりこのＡＩ教師は、Ｗｅｂ上にある世界中の情報やクラウドに蓄積されている「ビッグデータ」を最

新のＡＩが解析して教えたり、質問に答えたりしている。ＡＩ教師は、クラス全員の顔と名前が一致しているだけでなく、全てのメンバーの成績や学習の特徴や好みを「教育ビッグデータ」として備えている。クラスメンバーの数は１００名、１万名、あるいは１００万名でも、まったく問題ない。「教育ビッグデータ」には、メンバーの過去すべての教育・学習記録はもちろんのこと、健康状況や家庭環境のデータが蓄積されている。ＡＩ教師は、これらのデータを用いてそれぞれの子どもの学習プロセスを分析し、問題点や意欲的に取り組ませるためのポイントを明らかにしたうえで「指導計画」を作成する。「どのように教えれば、子どもたちはより効果的・効率的に学習することができるか？」ということをひとりひとりの学習者ごとに完璧に把握している。それは、障がいを持った子どもたちや様々な問題を抱えている子どもたちに対してもまったく同様である。

　ＡＩ教師は、現在話題になっている「ＩｏＴ」、つまり「インターネットを介したモノのネットワーク」も最大に活用している。デジタル教科書や電子黒板の情報はもちろんのこと、各教室に設置してあるビデオカメラ（観察用カメラ）やマイクからも情報を瞬時に獲得している。世界中の学校や教室にある電子黒板をインターネットに接続することにより、世界中の子どもたちがひとつの授業を共有することも可能である。「自動翻訳」の技術を使えば言葉の壁はないので、世界中の子どもたちがひとつの授業を同時に受講することが可能になるのである。

　ＡＩ教師は、インターネットを介して学習者のデジタル教科書やデジタルノート（携帯端末）と接続している。学習者が授業をどのように受講しているのか、さらには自宅でどれくらいの時間をかけ、どのように予習・復習しているかの情報をすべて収集・蓄積している。たとえ学習者が「昨日は一生懸命、復習しました」

と申告したところで、ＡＩ教師は「嘘だろ。デジタル教科書を5分開いただけで、飽きちゃっただろ」といった具合である。つまり、学習者が授業をきちんと受講しているか、どこで学習に躓いているのか、そして最終的に授業内容をどれくらい理解しているのか、などについての膨大なデータを収集することが可能なのである。もちろん、学習者が理解できずに困っている様子やトイレに行きたくてウズウズしてる様子も認識可能である。

　さらにＡＩ教師の誕生は、「授業」の形態も大きく変えていくことになるかもしれない。例えば、ひとつの教室でひとつのテーマについて授業を行っていても、それぞれの学習者はそれぞれのレベルに応じて学ぶ内容が異なっているということになるかもしれない。ＡＩ教師（ＡＩが搭載されたロボット教師）が教壇で話をしているとしても、それぞれの「デジタル教科書」には個々のレベルに応じて異なった情報が表示されるようになる。グループ学習では、ＡＩ教師がそれぞれのレベルを判断し、最も学習効果が高いグループ編成を即座に決めた上で実施されることになるだろう。そしてそのグループ編成は、ネットにつながっていれば日本中どこの学校にいても、さらには同時通訳システムを備えていれば、世界中どこの学校で学習している子どもたちとでも可能である。

　また「いじめ」に関しても、校内に張り巡らされた観察用カメラに映っている本人の映像を「ビッグデータ」として保存しており、それを解析することによって対応することが可能である。ＡＩの画像解析機能を使えば、いじめた相手を即座に特定することが可能なのである。

　以上のような「ＡＩ教師」に対し、多くの人々は「そんな人間味のない教師に良い教育ができるわけない」と感じるかもしれない。しかし、ＡＩが浸透した社会の中で育ちスマホが身体の一部

になっている近未来の子どもたちは、まったく異なった感じ方を
するかもしれない。「ＡＩ先生は私の学力や苦手なところをよく
理解してくれている」「私の気持ちにより添っていろいろと教え
てくれる」、そして「私をいじめた相手をきちんと叱ってくれ
る」・・・そんな風に感じて、近未来の子どもたちは「ＡＩ教師
を積極的に受け入れるかもしれない」と、私は考えている。

現在進行中のプロジェクト2

「ベテラン AI 教師」開発への挑戦

　このプロジェクトは、北海道教育大学教授・植木克美（敬称略。以下同様）との共同プロジェクトである。まだ研究途中のプロジェクトであるが、今後の教育現場にとって非常に大切な示唆を多く含んでいるので、ここで将来的な計画も含めて紹介したい。

　大学で教員養成および現職教員に対する再教育のあり方を研究している植木は現在、世代の異なる教師が自分の経験を語り合える場としてのワークショップ・プログラムの開発を行っている。さらに今後、これまで実施してきたワークショップの経験を活かし「ＡＩを活用したＷｅｂ研修システム」の構築を計画している（植木 2020）。私も共同研究者としてこのプロジェクトに関わっているが、「ベテラン教師の"経験知"はどのように若手教師に伝わるのか？」、そして「そもそもベテラン教師の"経験知"を具体的に表現することが可能なのか？」など非常に興味深い（註32）。

　さて、このプロジェクトは、次の３つの段階に分けて研究を進めている。

第１段階：世代の異なる教師が実際にひとつの場所に集まってワーク
　　　　　ショップを行う段階（これまでに多くの実績が蓄積済み）
第２段階：Ｗｅｂ版「オンライン・ワークショップ」の段階（現在、
　　　　　取り組んでいる研究課題）
第３段階：「オンライン・ワークショップ」にＡＩが関わってくる段
　　　　　階（近い将来、取り組もうと考えている研究課題）

第1段階は、リアルなワークショップである。植木が現在行っているプログラムでは以下のような流れで進む（植木2020）。

オープニング（15分）主催者からの趣旨説明、グループづくり
- → グループごとに自己紹介（20分）
- → その日のテーマ（例えば「保護者対応」）を個々が「ふりかえりシート」に記入（15分）
- → グループでそれを一人ずつ順番に発表（15分×4名）
- → グループ内での話し合い（15分）
- → 話し合いのまとめ（10分）
- → 個々がまとめたものを再度グループ内で発表（30分）
- → 各グループからの報告。この後、主催者からのコメント（10分）クロージング

　このような流れをＷｅｂ上で再現しようという試みが第2段階の「オンライン・ワークショップ」、そこにＡＩを絡めようとするのが第3段階である。現在、Ｗｅｂ版「オンライン・ワークショップ」の開発を進めているが、最終的な目標はベテラン教師が持つ「経験知」「ノウハウ」「指導のコツ」などのデータを蓄積し、ＡＩ教師が若手教師に対し様々なアドバイスを提供してくれるようなシステムを構築することである。

　このとき重要なことは、「そもそもベテラン教師のどこがベテランと言われる部分なのか？」を明らかにすることである。「ベテラン教師 ＝ 経験年数が長い教師」であれば簡単であるが、そうとは限らない。例えば、多くのベテラン教師に関する様々なデータを収集・蓄積した「ビッグデータ」の中から、ＡＩに共通点を

探させるなどの試みも大変興味深い。

　また一挙に「ベテランＡＩ教師」を開発するのではなく、まず最初にベテラン教師に関する「ビッグデータ」を解析することにより「中堅ＡＩ教師」を開発し、さらにこの「中堅ＡＩ教師」にある程度の時間をかけて（人間の）ベテラン教師や若手教師とのやりとりを積み上げることにより「ベテランＡＩ教師」に成長させていくという考え方も、今後の研究計画としては非常に魅力的である（この考え方は、まさに「アルファ碁」開発の考え方と類似している）。これが可能になれば、実際の「ＡＩ教師」、それも「ベテランＡＩ教師」の誕生ということも夢ではないだろう。

　ところで、私は約２０年ほど前に、このプロジェクトの原型とも言えるプロジェクトを実施している。１９９９年から約５年間、科学技術庁（当時）および厚生労働省から多額の資金を得て実施した『ほっとママ』プロジェクトである（渡部 2018）（図５−２）。『ほっとママ』プロジェクトは、当時（そして現在でも）深刻な問題になっていた不登校児や障がい児に対する「カウンセラー不足」を、当時の最先端テクノロジーを活用することで解消することを目的とした。

　当時の私は、このプロジェクトにおける最大のセールスポイントは「コンピュータによるカウンセリング（バーチャル・カウンセリング）」であると考えていた（図５−３）。このシステムが完成すれば、優秀なカウンセラー不足という問題が解決されるだけでなく、利用者はインターネットを通してどこからでも２４時間カウンセリングを受けることが可能になる。また将来的には、携帯電話から相談するということも現実的になると考えていた。

図5-2 「ほっとママ」プ　図5-3 バーチャル・カウンセリング(左:
ロジェクト (1999 年) 　　「専門知識」のデータベース、右:バーチャ
　　　　　　　　　　　　ル・カウンセラー)

　4の節でも示したように、1999年当時のAIは基本的に「エキスパートシステム」であり、私はできるだけ多くの「専門知識」をデータベースに蓄積することに多くの時間を費やした。そして、それを想定される相談者の質問と対応付けて出力できるように開発しようと考えていた。結果的に、それはまったく満足できるシステムには至らなかったけれど、「エキスパートシステムでは大きな限界があるなぁ」という研究的感触を得ることができたことは、私にとって大きな収穫であった。

　それでも何とか1999年度の1年間で『ほっとママ』システムを完成させ、2000年4月から仙台市内の2カ所に設置したブースで公開を始めた（仙台市情報産業プラザおよび仙台市福祉プラザ）。当時のネット回線で動画を配信することはかなり厳しいと言うことを承知でWeb上にも公開したが、1年目は毎月平均して4万ページビュー（閲覧されたページ数）、2年目以降は毎月平均7万ページビューと活発に利用された。

　『ほっとママ』プロジェクトから、約20年が経過した。現在、AIは一昔前の「エキスパートシステム」ではなく、AI自らが

自律的に学習を進めていく「最新のＡＩ」にまで発展している。『ほっとママ』で開発したカウンセリング・システムと比較すれば比べものにならないほど優秀なＡＩカウンセラーを作ることができるだろう。

　しかし、あらためて「ＡＩによるカウンセリング」への応用を検討すれば、その本質的な難しさが明らかになってくる。最新のＡＩは確かに、「クライアントが求めている専門知識を的確に提供する」という面では素晴らしい能力を持っている。しかし、実際の「カウンセリング」で重要なことは、「正しい知識の伝達だけではカウンセリングにはならない」ということである。例えば、実際のカウンセラーはクライアントの質問に対する回答がたとえわかっていたとしても、場合によってはその回答を提示しないこともある。「回答を教えない」でクライアント自身に「自分で考えさせる」あるいは「自己解決させる」ことが大切なときもある。また、質問と回答が「１対１対応」していない場合もある。例えば、２つある異なる回答のどちらを選択してクライアントに伝えるかは、まさにカウンセラーの「能力」にかかっている。さらに、クライアント自身は、解決策を得ることがなくても「話してすっきりすることで症状が改善する」ということもありうる。

　いずれにせよ「ＡＩによるカウンセリング」の実現には、まだまだ研究開発が必要であろう。例えば、人間の「カウンセラー」が行う実際の「カウンセリング」の膨大な量の記録をＡＩに学習させたとしたならば、どこまで役立つＡＩカウンセラーを作ることができるのだろう？　そして、その後「カウンセラー役のＡＩ」と「クライアント役のＡＩ」が膨大な数の「カウンセリング」を（人間の関与なしに）自動で行ったならば、そのときＡＩはどの

ような「カウンセラー」に変身しているのだろうか？

　少し怖い気持ちもあるけれど、大変興味深い。

6 「じっくり時間をかけて学ぶ」ことの再考

6.1 日本の育児は「しみ込み型」

　教育心理学者・東洋は、育児や教育について日米の比較研究を実施した結果、アメリカが「教え込み型」であったのに対し日本は「しみ込み型」であったとしている（東 1994）。

　東のグループは、１９７０年代に約１０年間にわたって、日本とアメリカの母親の育児態度を詳細に比較調査している。その結果、アメリカの母親が「教え込み型」育児だったのに対し、日本の母親は「しみ込み型」育児であることを明らかにしている（註３３）。

　まず東らは、日米の母親に対し「お子さんに文字を教えるためにどんなことをしましたか」という質問を面接調査している。すると、子どもの文字能力はほぼ同レベルだったが、日米の母親でその回答には大きな違いがあったという。アメリカの母親は自分がやった意図的な試みを具体的に答えたのに対し、日本の母親では「別に教えませんでした」という反応が多かった。その回答を受けて「ではどうしてお子さんは字が読めるようになったのですか」と問うと、「自然に」という答えが大半であった。次に「形の名を教えましたか」という質問をした結果、「教えなかった」という回答が日本では６２％、アメリカでは２５％だった。また、「数を数えることを教えましたか」という質問に対する「教えなかった」という回答は、日本の母親で２９％、アメリカでは９％にすぎなかった。しかし、子どもが示したそれらの能力にはほとんど差はなかったという。

　さらに東らは、４歳の子どもを持つ日米の母親に対し、実験的に子どもに対する対応の違いを明らかにしている。まず母親に、たくさんの積み木を一定の法則に従って特定の形や特徴の組み合わせで分類する作業を覚えてもらい、その後それを子どもに教えることを要求した。その結果、アメリカの母親は言葉によって分類の要素を

一つひとつ子どもに教え、それを子どもに言葉で確認しながら教えていくという、言葉による分析的で組織的な教え方であった。一方日本の母親は、言葉で教えるよりは、まず母親みずからが子どもの目の前でやってみせ、次にその通り子どもにやらせてみる。できないとまた母親が自分でやってみせて、子どもに挑戦させ、その過程を繰り返すという方法が一般的であった。しかし、子どもが示した正答率や正答するまでの時間に差はなかった。

　このような一連の調査や実験の結果から、東は次のように結論づけている。アメリカの母親は言葉で表現して分析してわからせる教え方、知識をもっている母親が権威をもって子どもにその知識を伝授するというやり方、つまり「教え込み型」の育児を行っている。それに対し日本の母親は、模範をやってみせることで、子どもにどうしたらよいか見つけさせるのが一般的である。権威をもって子どもの前に立ち知識を伝授するというのではなく、できてほしいという母親の「思い」を子どもにしみ込ませ、子どもはそれを原動力に一生懸命がんばるという、つまり「しみ込み型」の育児を行っていた。

　「しみ込み型」の方略をとる日本の母親は、アメリカの母親に比べて、就学前の子どもにとりたてて意図的に教えることはしない。文字や数を直接教えることは避け、もっぱらよい環境を子どもに与えることにこまやかな配慮をする。子どもはとりたてて教えないでも環境から学習するものだし、まわりの人々の真似をしたりおとなを質問攻めにしたりして知識を取り込むもの、と考えるのである。これが日本の「しみ込み型」の教育をささえている学習観であると、東は指摘する。

　さてこの時、子ども側の視線に立ってみれば、アメリカの子どもは知識やスキルを母親から具体的かつ積極的に教示されていたのに対して日本の子どもは、日常的な環境の中で自然と、あるい

は自分の方から母親に質問することにより知識やスキルを獲得していた。そのようにして獲得した知識やスキルは当然、その子どもにとって「リアリティ」のあるものになるだろう。

　ここで私は、東が実施した育児や教育についての日米比較研究は、アメリカと日本を比較している研究であると同時に、「近代教育」とそれ以前に存在していた「日本の伝統的教育」の比較と捉えることも可能であると気づいた（渡部2005）。アメリカの母親が子どもに接するときには、「近代教育」が持つ「客観的・普遍的な知識をきちんと教える」という態度をとる。それに対して日本の母親は、どちらかと言えば一歩退き、子どもが自ら「学ぶ」ことを見守りながら支援する。つまり、「日本の伝統的教育」の特徴を継承していることに気づいたのである。

6.2　あえて「日本の伝統的教育」に着目する！

　私は、このような「日本の伝統的教育」がこれからの「ＡＩ×データ時代の教育」のあり方を探るために大きなヒントになると考え、様々な検討を行ってきた（渡部2007、2012、2013、2015）。検討の対象としてきたのは、伝統芸道（民俗芸能や日本舞踊など）やミュージカル役者養成所における伝統舞踊教育などである。私は、そのような現場にあえて「モーションキャプチャ Motion Capture」システムや３ＤＣＧアニメーションなど最先端のデジタル・テクノロジーを持ち込むことにより、最先端のテクノロジーでは捉えきれない「教育の本質」を浮き上がらせようと試みてきた（副次的に、「伝統芸道の保存と若者への継承支援」という目的もある・註34）。具体的には、師匠（教師）および学習者に対して「モーションキャプチャ」システムを活用することにより舞などの身体動作をデータ化し、そのデータを用いて３ＤＣＧアニメーションとして再現した教材を作成した（図6-1から3）。

図6-1　師匠（神楽）のモーションキャプチャの様子

図6-2　完成した「神楽の3DCG」教材（註34）

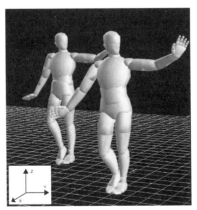

図6-3　わらび座・役者養成所「伝統舞踊の授業」のた
めに作成したデジタル教材（手前が教師、後ろが学生）

その教材を民俗芸能を学ぶ子どもたちの稽古や役者養成所の授業で活用していただき、その効果を確認した。学習者は師匠（教師）のデータや３ＤＣＧを詳細に検討したり、自分の動作データや３ＤＣＧと比較検討することにより、それらの教材は「学習に役立つ」と評価した（渡部2007、2015）。

　そのような試みを行う中で私に見えてきたことは、「近代教育」とは異なる「日本の伝統的教育がもっている本質」である。まず伝統芸道の師匠は、学習者に対し「知識」や「スキル」よりは、その伝統芸道が持つ「世界観（意味）」を伝えようと意図している。つまり、「なぜ、その芸道が長い年月を経て受け継がれてきたのか？」そして「その芸道は、私たちの生活にとってどうして必要なのか？」などを伝えようとしているのである。そして師匠は、その伝統芸道が持つ「世界観（意味）」がわかるようになれば、「知識」や「スキル」は自然に後からついてくると言う。

　例えば、地方に伝わる民俗芸能「神楽」では、師匠がまず手本を見せる。そして「見て覚えろ」「わざを盗め」と指導する。これはすなわち、学習者に対し「答え（ひとつの完成形）」を示し、学習者は自分もその「答え（ひとつの完成形）」を獲得するために、日々稽古をしながら「師匠のように舞うためにはどうすればよいのか」を自ら考え再び稽古に励む。

　稽古を続けていくと、師匠の手本はいつも同じであるとは限らないことに気づく。雨の日の舞と晴れているときの舞では、その舞い方も異なっている。春、夏、秋、そして冬でも、その手本となる舞は変わってくる。師匠が風邪を引いたとき、あるいは歳をとって腰が痛いときでもその手本は大きく変わる。そのような手本を見て、学習者は師匠の舞を学び、自分の舞を作り上げていく。師匠はなぜ雨の日は（晴れの日とは違う）あのような舞になるのか？　なぜ神社のお祭りで披露する舞と街中で開催されるイベン

トの舞では違うのか？　なぜ歳をとってダイナミックさが欠けた舞でも師匠の舞はすばらしいと感じるのか？　神楽の学習者は長い年月を稽古に打ち込み、「なぜ師匠はそのようにするのか？」を身体を通して学び取っていくのである。そして役者養成所では、このように本来は長い年月に及ぶ稽古が必要な伝統芸道の舞（民俗芸能や日本舞踊など）を、２年という限られた期間で養成し卒業と同時にプロのミュージカル役者として舞台に立つことができるよう、様々な教育的な工夫をしているのである（註３５）。

　以上のように、伝統芸道の師匠は自分の手本を示し「見て覚えろ」「わざを盗め」と指導する。これは、師匠が学習者に対して「問いと答えのセット」を示していると言うこともできる。つまり、「雨の日はどのように舞うのか？」「お祭りの時にはどのように舞うのか？」という問いに対して、実際に「雨の日の舞」「お祭りの時の舞」をひとつの「答え（お手本）」として学習者に示す。学習者は、そのようにして示された様々な「問いと答えのセット」に対して、「なぜ師匠は、そのような場面では、そのように舞うのか？」を自分なりに考えて稽古に励む。

　このような教育方法・学習方法は、最新ＡＩが膨大な量の「問いと答えのセット」をデータとして取り込み学習を進めていく方法と類似しており、非常に興味深い（４の節を参照）。伝統芸道の学習者は日々の稽古を積み重ねることにより（結果的に、膨大な数の経験を積み重ねることにより）、自分の芸を向上させていくのである。

　近代教育とは異なる「日本の伝統的教育」の方法が最新ＡＩの学習方法と類似しているというこの事実は、私たちが「ＡＩ×データ時代の教育」のあり方を探ろうとするとき、ひとつの大きなヒントになると私は考えている。

6.3 「フレーム問題」というＡＩ研究最大の障壁

　4の節で私は、１９８０年代の「エキスパートシステム」は「人間がＡＩにさせたいことをひとつひとつプログラミングしていた（教えていた）」ことを紹介した。そして、「エキスパートシステム」最大の成果のひとつが、チェス専用ＡＩ「ディープブルー」であった。しかし私はそこで、「ＡＩ研究には、ディープブルーの成功の後、長い低迷期が訪れる」と書いた。つまり、「将棋」や「囲碁」というさらに高いレベルのチャレンジにおいてＡＩが人間を超えるのは、２０１０年代になってからであった。

　さて、それではなぜ３０年もの長い間、ＡＩの研究開発では「低迷期」が続いたのだろう？　その原因は、「フレーム問題」のためとされている。当時の「人間がＡＩにさせたいことをひとつひとつプログラミングする（教える）」という方法が「フレーム問題」に遭遇し、行き詰まってしまったのである。

　「フレーム問題」とは簡単に言えば、私たちが日々暮らしている「あいまいで複雑な日常の世界」、つまり無限とも言えるほどの情報が存在している現実世界のなかで、「ロボット（ＡＩ）」がどの情報を処理したら良いのかわからずに機能停止してしまうという問題である（註３６）（マッカーシー1990、佐々木1994、渡部1998）。人間ならば、無限に存在する情報の中から自分が行おうとしている活動にとって必要な情報だけをフレーム（枠）で囲うことによって取り出し、その取り出した情報だけを処理し自分の活動に利用することができる。しかし、活動すべきことを人間によって「ひとつひとつ系統的にプログラミングされたロボット（ＡＩ）」にとっては、目的の活動に必要な情報と必要でない情報とを判断し、区別することは不可能であった。

　この行き詰まりの最も大きな原因は、「私たちが暮らしている世の中はあいまいで複雑である」、つまり「現実世界には無限と

もいえるほど多くの情報が存在している」ということを設計の段階で考慮していなかったことである。それまでの「ロボット（ＡＩ）」の研究開発は、あいまいさがなく環境の変化も少ない実験室（あるいはコンピュータ内の仮想空間）で行われていたからである。しかし、実験室での開発が成功し、それでは日常の中で試してみようとした瞬間、「ロボット（ＡＩ）」は作動しないことが判明した。「あいまいで複雑な現実世界」の中で自然に振る舞うことは、予想以上に困難なことだったのである。

　その後、「フレーム問題」を解決するために様々な研究が行われた。日本の場合、最も大規模な研究は、１９８２年から開始された「新世代コンピュータ技術開発機構ＩＣＯＴ（Institute for new generation COmputer Technology）」による国家プロジェクトである（渕 1984、高橋 1996、松尾 2015）。このプロジェクトは、当時の通商産業省（現経済産業省）が５００億円を超える予算規模で産官学の最先端研究者をあつめ「欧米をしのぐ世界一の斬新なコンピュータを作る」という壮大な夢をもって開始された。文字通り「日本のコンピュータ史上最大の研究開発プロジェクト」である。そのプロジェクトでは、圧倒的に性能の優れた第５世代コンピュータを開発することにより、力ずくで「フレーム問題」を解決しようとしたのである（西垣 2016）。

　しかし結果的には西垣の言うように、「第５世代コンピュータ開発プロジェクトは大失敗だった」とされている。実際、膨大な開発コストと研究者のエネルギーを費やして研究開発した「並列推論マシン」は、その後まったく実用に供されていない（西垣 2016）。最終的に１９９２年、５７０億円の予算を消化したところでプロジェクトは終了となった。

　このプロジェクトに代表されるように、ＡＩ自体の性能を圧倒的に向上させることにより「フレーム問題」を解決するという試

みは困難を極めた。そして、その解決の糸口をつかんだのは、ちょっとした「発想の転換」であった。

6.4 自律的に学習するロボット開発の挑戦

　「フレーム問題」を解決しようとして行われた研究の中で、「ロボット（ＡＩ）にさせたいことを、人間がひとつひとつプログラミングする（教える）」という発想自体が間違っているのではないかと考える研究者もいた。例えば、ＵＣＬＡ（カリフォルニア大学ロサンゼルス校）のアンソニー・ルイス教授を中心としたグループは、ロボット（ＡＩ）自体が様々な状況の中で自律的に学習していかなければ「フレーム問題」は解決できないと考え、自己学習ロボット「ＧＥＯ（ジオ）」を開発した。私はかつて拙著『鉄腕アトムと晋平君』の中で、「ＧＥＯ」について次のように紹介した（渡部 1998）。

　　ＧＥＯは４本の足を持ち、自発的に歩き方を学んでいくロボットです。ＧＥＯのコンピュータには、初期条件として、前進するという目的と平衡感覚とが組み込まれています。しかし、どのように足を動かすかはプログラムされていません。バラバラな動きの中から、ＧＥＯ自身が歩き方を作り出していくのです。

　　この話のポイントは、スイッチを入れてもすぐには歩き出さないというところにあります。これまでのロボットだったら、スイッチ入れたらすぐに歩き出します。なぜならば、あらかじめ「どのように歩いたらよいのか」、つまり「足をどのように動かしたらよいのか」をプログラムとして組み込んであるからです。しかしＧＥＯには、それがプログラムされていません。ＧＥＯ自身が、「どのように歩いたらよいのか」を試行錯誤する中で学習していくために、１週間かかってしまうのです。

まず、電源が入るとモーターが作動し、腰や足などの間接が動き始めます。そして関節についたセンサーから頭部にあるコンピュータに情報が集められます。ＧＥＯは体の傾きや足の位置などの情報を同時に計算し、再び足を動かす命令を出します。これが繰り返されることによって、より効率の良い歩き方ができるようになるのです。歩き始めるのに１週間かかりますが、その間にＧＥＯは、試行錯誤の中から目的にかなった行動を選び取っていって、腰をひねることによって足を持ち上げることを覚えたのです。これは、赤ちゃんや動物の子どもが歩き始めるときと同じ、「自発的な行動」なのです。　　　　　　　　　　　　　（渡部 1998）

　さて、このような自己学習ロボット「ＧＥＯ」には、どのようなメリットがあるのだろう？　最初、「ＧＥＯ」は実験室で歩き方を学習するのに１週間かかった。実験室で歩き方を学習したＧＥＯを、実験室の外に持ち出したとしよう。例えば、キャンパスの芝生の上を歩かせようとしたらどうだろう？　たぶんＧＥＯは、草に足を取られてしまい一歩も前に進むことはできない。しかし、ＧＥＯは足をゆっくりと動かしながら「前に進むためにはどうしたらよいか」を考え始める。正確に言えば、足に取り付けられたセンサーからの情報を処理しながら、どのようなときに前進できるのかを探っている。そして５日後、ＧＥＯは芝生の上を歩くための足の動かし方を自ら学習し前に進み始めるのである（註３７）。
　さて、実験室およびキャンパスの芝生の上を歩けるようになったＧＥＯを、今度は公園の砂場に連れて行く。しかし、ＧＥＯは足を砂にとられて前に進むことはできない。ＧＥＯが「砂場で前に進む」ことを学習するまでに３日かかった。さらに、今度は雨の日にＧＥＯを歩かせてみる。ＧＥＯは水たまりに入り、すぐに

は歩きだせない。ＧＥＯが雨の日にも歩けるようになるまでには丸１日の学習が必要である。さて、季節は冬になった。道路はツルツル凍り付いている。しかし、ＧＥＯはほんの少し試行錯誤するだけでまもなく歩き出すことができたのである。

　ＧＥＯは、様々な状況において試行錯誤を繰り返すことにより「歩くこと」の基礎を学習したのである。もし、「エキスパートシステム」を組み込んだロボットで同じ実験を行ったとしたら、状況が変わるたびに人間がプログラムを修正しなければならない。いつまで経っても、人間の手から離れることはできないのである。しかしＧＥＯの場合、状況が変化したら自分自身で学習することにより、その状況に対処することができる。しかも、その対処のために学習する時間は、経験を重ねるに従って短くなって行くのである。

6.5　認知科学：「状況的学習論」という考え方

　ＧＥＯのような「自律的に学習するロボット（ＡＩ）」の研究開発は、研究者の単なる「思いつき」から始まったわけではなく、認知科学の領域において１９８０年代に提唱された「状況的学習論」が大きく影響している（渡部 2005）。

　この考え方を最も初期に提唱したひとりであるサッチマンは、例としてヨーロッパの航海士とあまり文明が発展していないトラック諸島の航海士を比較している（サッチマン、佐伯監訳 1999）。ヨーロッパの航海士は、海図に描かれたプラン（計画）に基づいて航海を遂行する。航海士が航行中にする努力は“コース上にとどまること”に向けられる。もし予想外の出来事が生じたなら航海士は一旦はプランを変更するが、速やかにもとのプラン（計画）のコース上に戻ろうと努力する。

　それに対してトラック諸島の航海士は目的地は明確にあるもの

の、海図もプランも持たずに出発する。航行中彼らは、船に吹き寄せる風やボートの側面に打ち寄せる水の音、潮流、雲、そして夜には月や星の位置などを利用して舵をとる。つまり、トラック諸島の航海士はアドホックな（その都度、その都度の）情報を活用することにより目的地にたどり着く。

　このような比較を行った上でサッチマンは、「人間の行為というものは本質的に状況に埋め込まれたものであり、状況に埋め込まれた行為は本質的にアドホックな（その都度的な）ものである」と言う。つまり、サッチマンの「状況的学習論」では、人間の「学び」を状況との相互作用として捉えるのである。それまでの研究では、人間の認知活動はすべて頭の中の情報処理の結果であり、頭の中でどのようなメカニズムが働くことで学習が成立するかが解明されれば、もっと「効果的・効率的な教育」を行うことができると考えられていた。

　しかし、サッチマンの主張はこのような常識とは真っ向から対立するものだった。これまでの考え方とサッチマンが提唱した考え方の違いについて、高木は次のような例えを用いて説明している（高木 1996）。

　　人間の行為を自動車のスピードにたとえれば、知識に焦点を合わせるアプローチが、自動車のエンジンの性能や構造を徹底的に解明しようとするのにたいして、こうしたアプローチは実際に車が走っている様子を詳細に観察し、エンジン、車体、ドライバー、路面、空気などがどのように関係することでスピードを達成しているのかということを問題にするのである。　　　　　　（高木 1996）

「状況的学習論」では、子どもたちの行為やそれを可能にしている知識やスキルを直接捉えようとするのではなく、子どもたち

はどのような状況、あるいは時間的流れの中でそのような行為を行っているのかという点に着目するのである（詳しくは、渡部2005参照）。

　以上のように、認知科学は「ロボット（ＡＩ）」開発の行き詰まりを実験室という閉じられた環境、閉じられた状況に問題があったことを指摘した。そして、「ロボット（ＡＩ）」はもちろんのこと、人間に対しても、その行為は「状況の中で捉えるべき」であることを主張したのである。

　以上、認知科学において提唱されてきた「状況的学習論」について紹介したが、実は「日本の伝統的教育」もまたこのような考え方に依拠しているという点は、非常に興味深い。再び、「日本の伝統的教育」に対して検討を進めていこう。

６.６　「日本の伝統的教育」における学習者の「学び」

　日本の伝統芸道の師匠（教師）に共通している役割は、様々な「状況（文脈）」を意図的に設定し、その中で学習者自身に「自分の頭で考えさせる」ことである。学習者は状況（文脈）により変化する師匠（教師）の行為（舞やお点前）を見習い、自分の頭で考え自分なりに試みようとする。そして、この時に重要になってくるのが、学習者自身の「フレーム」である（渡部2018）。

　同じ師匠（教師）の模範を見ても、その状況（文脈）や学習者が持っている「フレーム」の違いにより、その「学び」は変わってくる。そして、「日本の伝統的教育」の中で「学習が進む」とは、この「フレーム」が豊かになることであり、また柔軟に「フレーム」を変化させることができるようになることを示す。学習者の「フレーム」が豊かになり、また「フレーム」を柔軟に活用する能力が上がれば、「自分の頭で考える」ことも豊かになり、どのような状況（文脈）でも「そこそこうまくやっていくこと」が可

能なのである。日本の伝統芸道の師匠（教師）には「効果的・効率的」という発想は無く、「わざ」の上達には一般的に長い時間と学習者自身の大きな努力や苦労が必要不可欠という前提がある（渡部 2007、2012、2013、2018）。

　ひとつの具体例として、「茶道」について少し詳しく検討していこう（註38）。茶道における「お点前」や道具は、その学習者が持つ能力レベルによって変化するが、それに加えて季節や茶会のテーマに応じた師匠の判断が大きく影響して決まることが多い。まず茶道のお点前は、５月から１０月までの「風炉」の時期と１１月から４月までの「炉」の時期で大きく異なっている。「風炉」の時期には、お湯を沸かすために「風炉（畳の上に置く炉）」が使われる。この時期の釜は小ぶりであり炭も細い。それに対し「炉」の時期には、畳を切って囲炉裏のような「炉」に大ぶりの炉釜をかける。炭も長く太く、火力が強い。５月には炉を畳で閉じ、初めて風炉を使う「初風炉」の儀式が行われ、１１月には「炉開き」の儀式が行われる。

　さらに、夏には涼しげなガラスの道具を使うこともある。加えて、まもなくお茶会が開かれるとなれば、そのお茶会のテーマ（例えば「七夕」など）に向けた稽古になる。このように、初心者、熟達者に関係なく、季節によって、また各種イベントによって、様々に工夫された道具やそれに伴う「お点前」となる。

　ここで師匠の重要な役割のひとつは、様々な「状況（文脈）」を設定し学習者に提供することである。つまり、季節に合わせて、あるいはイベントに合わせて様々な道具を設定することにより、お茶を点てる「状況」を意図的に変化させる。つまり、「なぜお茶を点てるのか？」「どのようにお茶を点てれば客が喜ぶか？」という状況を意図的に変えるのである。そして、どのような「状況」においても学習者が安定しておいしいお茶を点てることがで

きるように、自ら手本を示したり簡単な言葉で指示を出しながら学習者を指導する。師匠は「答え」を示すが、なぜそのような「お点前」をするのかは学習者自身が考えなければならない。

さらに興味深いのは、その「評価」である。このとき評価対象になるのは、「どのような状況でもお茶をおいしく点てることができる能力」である。とても寒いときに「おいしくお茶を点てることができた」としても、真夏に「おいしくお茶を点てることができる」とは限らない。

また茶道では、そもそも近代教育のような評価基準を持っていないということも大変興味深い。つまり茶道では、学習者は「今なにができるのか」を評価するという発想がないのである。そのかわりに「許状」とよばれるものがあるが、これは稽古の段階ごとに学ぶことを許可する「許し状」のことである（註39）。つまり、師匠が学習者を評価するのは「今なにができるのか」ではなく、「今の能力なら、どのような稽古が可能か」というところに視点がある。

民俗芸能の神楽における「評価」も、本質的には同じである。師匠の「評価」は絶対的な権威を持つことに間違いないが、例えば神楽の師匠は、評価に対し「だいたいでよい」と発言していることは非常に興味深い（渡部2007）。このとき師匠は、具体的に「何々を学んだ」とか「何々ができるようになった」と表現できるようなものを評価の対象とはしていない。このとき評価の中心にあるのは、その伝統芸能が本質的に持っている「世界観」や「価値観」に対して学習者自身が「どれだけ馴染めるようになったか」ということなのである。「馴染めるようになる」ということは、その世界に対し自分なりの「リアリティ」を持つことができるようになったことを意味する。そして、その世界においてどのような状況においても「何とかうまくこなすことができる」という能力が身についたことを意味する。このような能力は日々の稽古に

より「段階的に発達して行くものではない」という点もまた、非常に興味深い。つまり、ある日ふっと気づいたら「いつの間にか上手くできるようになっていた」ということが普通なのである。師匠は、そのような能力を重視することにより学習者を評価している。

このような「やわらかな評価」は、「師匠のフレームを超えた学びに対する評価を可能にする」という大きな特徴を持つことになる。つまり、学習者の「学び」に対する「フレーム」が師匠と多少異なっていても、それを否定したりつぶしたりはしない。このことは、学習者の「主体的な学び」を生み出す上で非常に重要である。そして、「師匠が意図していないにもかかわらず、学習者は「リアリティある自分自身の学び」によって「師匠を越えた能力」を獲得することさえあるという点もまた、大変興味深い。

予測！

> ＡＩ×データ時代の「教育」を考えるとき、「日本の伝統的教育」についての再検討が大きなヒントになる。

6.7 「じっくり時間をかけて学ぶ」ことを重視する

6.1の最初に、教育心理学者・東洋が実施した「育児や教育についての日米比較研究」を紹介した。その結果、アメリカが「教え込み型」であったのに対し日本は「しみ込み型」であった（東1994）。

この結果について東は、「教え込み」を避けようとする傾向は昔から日本的な思想の中にあったのではないかと考え、１４世紀に能楽で活躍した世阿弥にまでさかのぼり検討している。世阿弥の書いた『花伝書』には、能楽の跡継ぎを育てる心得として「幼い

ときは教えようとするな、自然に真似を始めるのを待て。真似を
始めても、うまいとか下手とかと評価するな。ただよく見て、ど
の方向に伸びようとしているか見定めよ」という意味のことが書
いてあるとしている（東1994）。私は、このような「子ども自らが
発達するのを待つ」という姿勢が高度経済成長期の価値観には合
わず、教育現場では否定あるいは無視されてきたと考えている。

　もちろん、子どもの発達が目に見える形で表面に現れてくるに
は時間がかかることも事実である。しかし、「しみ込み型」によ
り育てられてきた子どもの能力が表面に現れるようになった時、
その能力は大人が想像していた以上のものになっている。例えば、
私が行った神楽の師匠に対するインタビュー調査において、師匠
は非常に興味深い話をしてくれた。

　師匠が神楽を習い始めたのは、小学校高学年の頃である。ここ
で興味深いのは、稽古は舞だけでなく太鼓や笛、手平金（シンバ
ルの小さな形をしたリズムを刻む楽器）も同時にさせられたとい
う点である（西洋の場合、一般にはひとつのパートを専門とした
練習になる）。そして、例えば笛の稽古は、同じフレーズだけを
2年間繰り返し稽古させられた。笛は4本の指を使うだけなので、
その4本指で同じフレーズを2年間繰り返し稽古した。「当時は、
そのことがとてもつまらなくていやだった」と師匠は言う。しか
し2年経過したある日、突然、大師匠から「ずいぶん笛が上達し
たな」とほめられた。自分では全然上達したとは思っていなかっ
たので、大変驚いたという。師匠はその頃を振り返って、次のよ
うに言う。

　　単独で笛を吹いたときには、それほどの変化はないように見え
　るかもしれません。しかし、その2年の間、笛の他に舞や太鼓、
　そして手平金も稽古します。そのことは、笛の上達に大きく影響

します。 （渡部 2015）

　２年間同じ稽古を続けても、単独で笛を吹いたときにはそれほど変化したようには見えないかもしれない。しかし、その２年の間、笛の他に太鼓や手平金、そして神楽の舞も稽古する。そのことは結果的に、笛を吹く「能力」の上達に大きく影響する、と言うのである。

　例えば、舞手が疲れているときには、それにあわせて笛の速さをコントロールできるようになっている。つまり、様々な状況に対応して柔軟に笛が吹けるようになるのである。そのことを評価して当時、大師匠は彼のことを「上達したな」とほめてくれたのだろう。大師匠にほめられるまで師匠は自分の笛を吹く「能力」の上達に気づいてはおらず、彼にとっては「いつの間にか身についた」と感じることになる。これが、「しみ込み型の学び」の実態である。

　同様のことは、経営学者・西尾久美子も京都の「舞妓さん」の育成を目的とした研究の中で見いだしている。西尾は、京都の「舞妓さん」を「おもてなし」産業のプロフェッショナルとして捉え、彼女たちがどのように育成されるのかについて長年調査を続けている。西尾は自身の著書『舞妓の言葉─京都花街、人育ての極意』の中で、次のように記している（西尾 2012）。

　　１０代半ばの少女たちが、京都花街の人たちと関係性を築き、それに支えられ、さらに後輩たちのサポートもするようになっていく姿を多く見る中で、彼女たちが「あっ」と何かを掴み取ったと思われる場面に立ち会うことがありました。教えられてきた経験と、仕事の場やお稽古で直面した出来事とをむすびつけ、自分なりの意味や意義を見つけて「そうなんや」と納得している様子

でした。そして、この力が伸びていくと、若いからこそ必死に模索を続け努力し、舞妓さんとして、プロとして、しなやかな自分の「芯」を作ることができるようになるのです。　　　（西尾 2012）

　4の節で私は、最新のＡＩが膨大な数の「問いと答えのセット」を学習することにより、自ら「その問いの解き方」を見つけ出していくということを示した。最新のＡＩの場合、この作業に要する時間は短時間ですむけれど、人間の場合には一般に多くの時間を要する。しかも、このようにして獲得した「能力」は、近代教育において「客観的に評価できない」という理由から着目されることは少ない。
　しかしながら私は、このような「学び方」やそれによって獲得できる「能力」こそが学習者自身の「フレーム」を形成して行くという意味で、ＡＩ×データ時代には重要性が増す、と考えているのである。

予測！

> ＡＩ×データ時代には、「じっくり時間をかけて学ぶ」ことによってのみ獲得できる能力の重要性が増す。

戦略IV 「リアリティある学び」を取りもどす！

7　現実世界に「リアリティ」を感じながら学ぶ

7.1　「生きることのリアリティ」が崩壊した時代

　社会学者の見田宗介は、その著書『現代社会はどこに向かうのか—生きるリアリティの崩壊と再生—』の中で、1968年に起こった連続殺人事件と2008年に起きた秋葉原の無差別殺人事件を取り上げて比較している。そして、この４０年間に人々の「社会に対するリアリティ」というものが大きく変化したことを示している（見田 2012）。

　まず、２つの事件の共通点として、両方とも青森で生まれた青年が東京で起こした非常に凄惨な殺人事件であるということである（1968年の事件の犯人は永山則夫、事件当時 19 歳。2008年の事件は加藤智大、事件当時 25 歳）。両者とも青森から都会に出てきたが、やはり仕事は最底辺の労働力を担っていた（永山は中卒のあと集団就職で東京に出てきた。加藤は派遣社員や非正規社員を転々としていた）。見田によれば、それが表面的な共通点であるが、もっと本質的に重要なことは両者とも「生きることのリアリティ」に関わる事件ということである。

　前者の永山則夫は、東京に集団就職したがなかなかうまくいかず貧しい生活から脱却することができなかった。その原因として中卒という学歴や青森弁訛り、そして顔にちょっと傷があるというような「人々の表面だけを見るようなまなざし」を見田は考えている。「非常に熱心に勉強して勤めようとしたにもかかわらず、そういった表面的なところで受け入れられなかったり、絶えず疑

われたりして、どんどん彼の志が裏切られていった」という。これを見田は、「空気の濃い時代」における「まなざしの地獄」と名づけた。さらに、永山は東京を脱出して新天地としてアメリカに行こうとする。しかし、そのための密航にも失敗し、最後に無差別連続殺人事件を起こしてしまう。見田はこの事件について、「必ずしも貧しいということ自体よりも、そのような若い人の生きようとする方向みたいなものが絶えず社会によって塞がれていく、そのことに対するいわば実存的な事件であった」という（見田 2012）。

それに対し 2008 年に起きた秋葉原事件の加藤智大は、永山のように東京に対して憧れを持っていたわけではない。ただなんとなく青森から都会に出たくて、静岡県や愛知県などで非正規雇用の仕事を転々としていた。そして、自動車産業分野で派遣社員をしていたとき、朝出勤したら自分の作業着がない。それで、自分はリストラされたと思い込み暴れまわる。ところが、誰も「人ごと」として相手にしてくれない。それが、わざわざ秋葉原まで行きたくさんの通行人のいるところにトラックを乗り入れて無差別に殺人を起こしてしまった引き金になったと言われている。

ここで見田は、加藤が秋葉原にトラックを乗り入れる途中、Ｗｅｂ上で何度も殺人を予告している点に着目している。「これから自分は殺人に行く」ということを何度も予告している。しかし、誰もそれを止めようともしないし、相手にしようとしない。だんだん秋葉原に近づいてきて「今から人を殺す」と発信しても、まったく反応がない。「殺人なんてやめろ」と止めてくれる人がまったくいない。それで、仕方なく殺人を実行してしまったという一連の流れに、見田は着目している。そして、これを「空気が薄すぎる時代」における「まなざし不在の地獄」と名づけている。

ここで見田は、「リア充」という言葉を出して秋葉原事件を解

説している。「リア充」とは、「リアル（現実）の生活が充実していること（あるいは充実している人）」である。友達がいて、恋人がいて、やることがあって、色々なことにリアリティをもって充実しているということである。加藤は、そのような人を恨んでいた。そして、加藤は「自分にはリアリティがない」と感じていた。それは、自分は派遣社員なので待遇が悪いと社長を恨んでいたとか、自分は貧乏だから金持ちを恨んでいたとかではない。そのような階級的なことではなく、「リア充なやつら」に対して彼は非常に恨んでいたという。

加藤はトラックで秋葉原に乗り込み無差別殺人をするとき、わざわざトラックを止めてトラックから降りて、自分が持っていた刃物で一人一人を追いかけて刺し殺した。このことを見田は、「それは彼がいかにリアリティにこだわっていたかということです」と言う。「つまり、トラックでひき殺してもあまりリアリティがないわけですが、一人一人をさせば・・中略（引用者）・・つまり、彼がいかにリアリティにこだわっていたかということです。」

さらに見田は、加藤智大は特別な存在なのではなく、彼のかかえているものは今の若者にも共通しているとして「海外旅行」を例に挙げて説明している。今の若者は基本的に海外旅行には興味が無いのだが、ツアーの中に現地の人に役立つようなボランティア的な活動、支援的な活動を入れると一気に人気ツアーになるというのである。つまり、今の若者にとって一般的な海外旅行は「リアリティ」がなく、全然面白くないと感じている。テレビ番組で有名芸能人が楽しむ海外旅行が、イメージとして浮かぶのかもしれない。しかし実際に現地に行き、現地の人とふれあいながら、現地の人の役に立つ活動をすることはリアリティがある。結局、今の若者は「生きることのリアリティを求めている」と見田は結論づけるのである（見田 2012）。

7.2　リアリティが失われた「記号化した時代」

　私も、ほぼ同様の時代の変化を感じている。そして、見田が「ま
なざし不在の地獄」あるいは「空気が薄すぎる時代」と表現した
今の時代を、私は拙著『超デジタル時代の「学び」—よいかげん
な知の復権をめざして—』の中で「記号化した時代」と表現した
（渡部 2012）。歴史的に見れば、２０世紀前半まではモノはそこ
にあり、コトはそこで起こっていた。しかし、２０世紀後半はコン
ピュータやメディアが著しい発展を遂げ、それとともに「情報
＝記号」が私たちの生活の隅々にまで浸透するようになった。「高
度情報化時代」とは、２０世紀後半に著しい発展を遂げたコン
ピュータが１９９５年以降インターネットにつながることによっ
て、私たちの生活や社会を急速に「記号化」した時代を示す。そ
して、「高度情報化」と「グローバル化」は表裏一体である。「モ
ノやコトが記号化した時代」だからこそ、異なった文化、異なっ
た宗教、そして異なった考え方の「フレーム（枠）」を持つ人々が、
「情報＝記号」を媒介としてコミュニケーションできる。しかし
その代償として、私たちは現実世界に対する「リアリティ」を失っ
てしまったのである。

　例えば私自身も、「現実世界のリアリティ」を失いつつあるこ
とを実感している。私は最近、書籍に関して「面白そうだ」と感
じたらすぐ買ってしまう習慣がついてしまった。その習慣が加速
したのは、「アマゾン」と出会った十数年前である。アマゾンの
「キーワード検索」で見つけた書籍の中から、タイトル、著者名、
値段、発行年を確認し、数行の概要を読んで「面白そうだ」と感
じたらすぐに購入してしまう。さらに、その習慣は書籍だけでは
なく生活用品やペット用品にまで及んでいる。特に洗剤やドッグ
フードなどの「重たいモノ」は、ついネットで購入してしまう。

　そのような習慣がついてからしばらくして、私はちょっと「不

思議な感覚」に襲われた。私と購入した「モノ」との距離感が失われてゆくという感覚である。例えば、数百円の雑誌を購入するときも、数千円の学術書を購入するときも、なぜか感覚が一緒なのである。この感覚は以前、書店で実際に本を手にとって「買うか買わないか迷っていたときの感覚」とは全く別のものである。さらに、書籍を買うときと洗剤を買うときの感覚も全く同じであることに気づいた。以前ならば、書店にゆくときと、ホームセンターに行くときの感覚はまったく異なっていた。しかし今は、書籍を買うときの感覚も洗剤を買うときの感覚も全く一緒なのである。

　以上のように、最近の私は、それまで「私」と「対象（モノでも、知識でも）」の間にあった距離感覚がネットのなかではどんどん失われていることに驚いている。それは、「リアリティの喪失」と言っても良い。そして、それまで「私」と「対象（モノでも、知識でも）」の間にあった「リアリティ」こそが、「社会」や「コミュニティ」であることに気づく。

　現実の生活では、「私」を中心にして様々な「対象（モノや知識）」が私との様々な距離を保ちながら存在している。その距離感こそが、私にとっての「意味」や「価値観」を反映している。つまり、様々な「社会」や「コミュニティ」を介して「情報」を得ることにより、それは「私にとっての意味」がともなう「リアリティある私の知識」となるのである。

　もうひとつ「最近、私が感じていること」を紹介しよう。例えば、私は学生が提出してくるレポートを見たときに、今が「記号化した時代」であることを実感する。学生の多くが課題に関するキーワードをＷｅｂでサクッと調べ、それらをコピペ（コピーand ペースト）して提出してくる。学生の周りにはテクノロジーがあふれていて、「テクノロジーを有効活用すること」に慣れているのだろう。学生にしてみれば、単に「便利な道具を使ってい

るだけ」という感覚なのかもしれない。その結果、レポートには
すべて正しいことが書いてはいるけれど、どのレポートも内容は
ほとんど同じものである。個々の学生の「リアリティ」がまった
く見えてこない。

　私の学生の頃は、レポートを書くために図書館に行って本を探
したり、他の大学の図書館にある論文を取り寄せたりしていた。
そうやって「手間」をかけてレポートを書くことが、自分の力に
なるような気がしていた。そして例えば、図書館に行って苦労し
て探し出した書籍の作者（研究者）に学会で出会ったとき、とて
も大きな感動を覚えた。また、外国の大学図書館に論文のコピー
を依頼し、その論文が航空便で送られてきたとき、私はその封筒
の「〇〇　University Library」という印刷された文字に大きな
感動を覚えた。そこには、「すばらしい書籍を出版している偉大
な研究者が今、私の目の前にいる」という感動があった。そして、
「私は今、海外の大学図書館から直接送られてきた論文を手にし
ている」という感動があった。たぶん、「直接、作者に会う」と
いうことや「直接、封筒を手にする」という「リアリティ」が大
切なのだと思う。Ｗｅｂ上のデータをダウンロードするのと比較
して大変な時間と労力を必要とするけれど、その過程が「リアリ
ティ」を生み出すように私には感じられる。やはり「教育」にとっ
て、「時間と労力」をかけることは不可欠なのではないだろうか？

予測！

　ＡＩ×データ時代には、「現実世界に"リアリティ"
を感じながら学ぶこと」が重要になる。

7.3 増え続ける「ネット依存・スマホ依存」の子どもたち

　厚生労働省の研究班は２０１７年１２月〜２０１８年２月「インターネットへ過度に依存する中高校生を対象にした調査」を実施し、全国の中高生について調査している（註４０）。

　この調査で使われた質問項目は下記の通りで、これに５つ以上当てはまると病的な「ネット依存症」としている。

　　・ネットに夢中になっていると感じる
　　・予定よりも長時間使用する
　　・制限しようとしてうまくいかなかったことがある
　　・トラブルや嫌な気持ちから逃げるために使用する
　　・使用しないと落ち着かない、いらいらする
　　・熱中を隠すため、家族らにうそをついたことがある
　　・使用時間がだんだん長くなる
　　・ネットのせいで人間関係などを台無しにした、しそうになった

（厚生労働省　2017 年度）

　調査の結果、ネット依存症に該当するのは推計９３万人であり、中高生の約７人に１人がネット依存症であることが明らかになったとしている。これは、２０１２年度に行った前回調査の５１万人から、ほぼ倍増した。

　ネット依存の生徒で、頻度が高かったのは「過剰使用（意図したより長い時間使用）」「渇望（インターネットをすることを待ち望む）」「制御不能（時間を減らしたり、止めることに失敗する）」。これは、男子より女子の割合が高い傾向にあった。

　少し具体的に見ていくと、ネット依存症に該当するのは中学男子の１０・６％、女子の１４・３％、高校男子１３・２％、女子１８・９％であった。そしてこの調査によると、利用するのはＳ

ＮＳやオンラインゲームが多かった。また、ネットを利用するための機器は圧倒的に「スマホ」が多いという結果であった。今回の調査では小学生や幼児は対象となっていないが、報告では「小学生や幼児のスマホ使用も増えており、ネット依存はより低年齢化しているとみるべきだろう」としている。

　石川（2017）によれば、子どもたちの中には「ＳＮＳ」において「裏アカウント」を持っている場合も少なくない（「アカウント」とは、パソコンやインターネットを使うときに必要な個人情報）。「裏アカウント（通称「裏垢」）」とは、同じ人物が「本来のアカウント」とは「別に設けているアカウント」のことを指す。本来のアカウント以外に「裏アカウント」を２つ、３つと複数持っている人もいるという。その用途としては、複数の趣味を持つ人が「それぞれの趣味を持つ人と繋がるため」趣味ごとに別のアカウントを持つという場合もあれば、「裏アカウント」を用いて学校や会社の悪口を書くという場合もある。これが、「いじめ」などにも直接つながっているとされる。さらに、子どもたちを追い詰める現象として「つながりの格差」、みんなから無視される「ぼっち（ひとりぼっち）」「スクールカースト（学校の中で小集団が形成され、その集団の階層化、ヒエラルキーが生じる現象）」「ＪＫビジネス（女子高生であることをウリにしてお金を稼ぐビジネス）」など、様々な現象が子どもたちを取り巻く大きな危機として問題視されている（石川 2017）。

　２０１１年、国立病院機構久里浜医療センターが国内初の「ネット依存外来」を開設した。この外来には、年間約１５００人のネット依存症の患者が受診するという。その約７割が未成年で、ほとんどがオンラインゲームにのめり込んでいる状態である（樋口 2018）。さらに、新型コロナウイルス感染拡大の影響により多くの小中高校で休校が相次いだ。これにより、「ネット依存症」のリスクが著しく高まったことが予想される。

7.4 「スマホ」の中にある「リアリティ」

　阪田は、今の若者は「人間とつながりたい」という気持ちが強いからこそ「ＳＮＳ」が流行っている、と言う（阪田・高橋・渡部　2020）。確かに、彼らは「リアルでつながるのはめんどくさいし、しんどい」と感じている。しかし、「人間とつながりたい」という気持ちは強く持っている。それで、サクッとコミュニケーションがとれる「ＳＮＳ」を好んで使うと分析している。

　例えば、新入生の友達関係に関しても昔とは少し異なっていると阪田は言う。新入生の友達関係に関して、友人同士の学生に「あなたたち、何がきっかけで友達になったの？」と聞くと、１０年前なら「入学式で隣同士になって」とか「○○の授業で一緒だったから」といったような答えが多かった。しかし最近は、「Twitterで友達になった」という学生が増えた。入学する前からＳＮＳ上でもう「友達」になっていて、入学してから本人に会い「ああ、あなたが○○さんね」というのが最近の「友達」づくりの順序らしい。まさに、「テクノロジーで友達作り」の時代である。昔のように入学式で隣の子に声をかけるのは勇気が必要だし、けんかをしてしまった友達との関係を修復するのも大変である。しかし、ＳＮＳ上だと「つながる」のも簡単、「切る」のも簡単にできてしまう、と阪田は言う。

　これが「今の若者の実態」であり、「時代は変わったなあ」とあきらめることもできる。あるいは、「昔は良かったなあ」と昔を懐かしんで済ませることもできる。しかし、彼らは現実世界の「リアリティ」を失っており、彼らにとっての「リアリティ」はスマホの中にあると考えると、意外に事態は深刻かもしれない。彼らは「スマホ」の中のバーチャルなコミュニティやバーチャルな友達に「リアリティ」を感じている。今の若者にとっては、そのくらいのつながりが「ちょうど良い」と感じられ、バーチャル

な世界は彼らにとって居心地の良い「居場所」なのかもしれない。

　さらに、ネットゲームの中には「アバター」という存在があり、それに自分を投影したり同一化して、一所懸命に作業をして達成感を感じたり、努力して成長することができる。また、彼らはそのようなバーチャルな世界の中で、他の人と協力し合ったり、尊敬されたりする。１９９０年代後半、「自分とは何か」に悩んだ若者の間で「自分探し」が流行したが、今の時代はバーチャル空間に存在する「アバター」によって「自分探し」を行おうとしているのかもしれない。しかし、それはあくまでもバーチャル世界の人間関係であり、実生活とは異なっているのである。

　１９９０年代後半から２０００年代までに生まれた人は「Ｚ世代」と呼ばれているが、彼らはスマホの爆発的普及とともに子どもの頃をおくった世代である。現在、そのような彼らも結婚し子どもを育てる時期に入っている。Ｚ世代の親から生まれた子どもたち（２０１１年以降の生まれ）は「α世代」と呼ばれており、今まさに学校教育を受ける時期に来ている（原田 2020）（註４１）。

　α世代の彼らのなかには、例えばスマホの「授乳アプリ（赤ちゃんが母乳を飲んだ量や時間を管理するアプリ）」により育てられた子どももいる。また、「子育てアプリ」によりスマホから流れてくる乳幼児の睡眠を促進する音楽や映像を見聞きして育ってきたかもしれない。「トイレットトレーニング」のアプリでは、キャラクターが歌ったり踊ったりして子どもをトイレに誘導してくれる。

　シリーズの累計ダウンロード数が１０００万を超える大ヒットとなった『おにから電話』というアプリがある。子どもが親の言うことを聞かないとき、鬼から電話がかかってきて「叱ってくれる」というアプリである。子どもが親の言うことをどうしても聞

かないときスマホが鳴り、電話に出ると鬼や魔女、お化けなどあらかじめ設定したキャラクターが現れ、怖い顔と荒々しい声で子どもを怒ってくれるのである（石川 2017）。

　α世代の子どもたちの多くが、そのようなバーチャルな世界の中で育っている。彼らの中には「現実世界で親から叱られる」という経験を持たない子どもも少なくない。「これで本当に大丈夫なのだろうか？」と感じるのは、私だけではないだろう。

予測！

> 　ＡＩ×データ時代、子育てや教育と「スマホ」などのテクノロジーとの関係性が大きな課題になる。

7.5　「リアリティ」が欠如している近代教育

　教育現場では今、「プログラミング教育」が大きな話題になっている（渡部 2019）。２０１７年（平成２９年）３月、文部科学省は次期学習指導要領を公示し、そのなかで「プログラミング教育」を小学校（２０２０年から）、中学校（２０２１年から）、高校（２０２２年から）で必修化することを示した。同時に、文部科学省に加え総務省と経済産業省の３省は次期学習指導要領における「プログラミング教育」の実施に向けて、官民による「未来の学びコンソーシアム」を立ち上げた。このコンソーシアムは、優れたプログラミング教材の開発や企業の協力による体験的プログラミング活動などを実施し、学校における「プログラミング教育」の一層の普及・推進を図ろうとするものである。

　しかし佐藤は、学校教育において必修科目になった「プログラミング教育」が、コンピュータの中の「バーチャルな世界」だけで役立つ能力の育成になることを危惧していると言う（佐藤・渡

部 2019)。例えば「レゴマインドストーム」を活用した「プログラミング教育」の実践では、プログラミングが正しくてもロボットが予想通り動くとはかぎらない。ロボット自体の作り方が悪かったり、外部環境の問題（机が滑りやすい等）があったり・・・。そして佐藤は、安易な「プログラミング教育」はプログラミングに関するテスト問題としてなら解けるけれども、実際に使える課題解決力の育成にはつながらない可能性が大きいと言う。子どもたちにとって現実世界の「リアリティ」が感じられない学習は、実際に使える能力にはなり得ない。教育現場において、いかに「リアリティのある学び」を子どもたちに創発させることができるのかが、教師にとっての勝負となる。

　そもそも、「近代教育にはひとつの本質的な弱点がある」と私は考えている。「学習者が置かれた状況や文脈を無視」したために生じる個々の学習者における「リアリティ」の欠如という弱点である。ひとつの「情報」が人間に役立つ「知識」になるためには、その「情報」がある一定のまとまりをもった「意味」を持っていなければならない。そして、そうなるためには、学習者が置かれた状況や文脈と学習者本人との関係性が必要不可欠になる。つまり、本来の「知識」とは、学習者が置かれた状況や文脈の中で「リアリティ」を感じながら学び取ったものでなければならない。

　今井によれば、アリストテレスは「学び」の基盤を日常的な経験に置いていた（今井 2010）。日常的な経験には潜在的に「学知」を含んでいるということが、アリストテレスの前提であったという。そのような考え方に対し、ガリレオに始まる近代の自然科学は根本から反論した。そして、近代科学は実験室内の出来事だけを前提としてきた。つまり、実験者の意図にそって条件を整えられた環境における経験こそ「科学的に価値あるもの」であるとさ

れてきたのである（今井2010）。

「近代教育」も、このパラダイムを積極的に受け入れてきた。つまり、「近代教育」は世界的に通用する「記号を用いて表現可能な客観的・普遍的な知識」を「教育」における唯一の対象としてきた。しかし今後、このような知識の獲得には主に「オンライン教育」が活用されることになるだろう。そして、「学校」はオンライン教育では育成することが困難な「知」や「能力」の育成を目標にした様々な活動が展開される場になる。それは一般に「思考力・判断力・表現力」と呼ばれている能力であり、8の節で詳しく検討するような「見えにくい能力」したがって「評価することが困難な能力」である。

ＡＩ×データ時代の「学校」は、「リアリティある学びの場」になるのである。

予測！

> ＡＩ×データ時代の「学校」は、「リアリティのある学びの場」になる。

7.6　学校は「リアリティある学びの場」になる

以下に、あくまでもひとつの例としてではあるけれど、１０年後の「学校」のイメージを示してみよう（図7－1）。

朝、「学校」に登校した子どもたちはまず「朝の会」で教師から、その日1日のスケジュールや連絡事項を伝達される。この様子は、現在とほとんど変わらない。ただし、これらの情報は同時に、子どもたちが持っているデジタル・デバイス（ｉＰａｄ、スマホ、ノートパソコン等）にも配信される。

「朝の会」が始まるまでの時間、子どもによってはすでに「オ

ンライン授業」を開始していてもかまわない。「オンライン授業」
は一応、時間帯は決まっているが、「オンデマンド型の授業（録
画映像による授業）」なので基本的にはいつ受講してもかまわな
い。

　先生が教室に入ってきて、「朝の会」が始まった。「オンライン
授業」を受けていた子どもは、そこで一旦受講を停止する。

　一通りその日のスケジュールや連絡事項の伝達が終わると、本
格的な授業が始まる。例えば、この日の「オンライン授業」は1
時限目が「国語（数学）」、3時限目が「科学」、5時限目が「英語」
である。「オンライン授業」は基本的に教室で行うが、学校内の
図書室や実験室、場合によっては校庭に置かれているベンチや自
宅でも受講することが可能である。

　ここでは、多くの研究により効果的・効率的に学習できるよう
に開発された教育コンテンツをオンラインで学習する。例えば、

○月○日のスケジュール

朝の会：教師から本日のスケジュールや連絡事項のお知らせ

1時限目：「国語（数学）」のオンライン授業

2時限目：体育（音楽・美術）の授業　体育館（音楽室・美術室）

3時限目：「科学」のオンライン授業

　　　　　ランチタイム

4時限目：読書・実験・フリータイム（個々の好きな本や実験、

　　　　　教師がサポート、お昼寝もOK）

5時限目：「英語」のオンライン授業

6時限目：教師およびクラスメイトとのディスカッション

図7－1　ＡＩ×データ時代における「学校の1日」

授業の上手な先生による「オンデマンド型の授業（録画映像による授業）」がコンテンツのひとつとして考えられる。どのコンテンツも１０分程度の教師の解説の後に、内容の理解を確認するための小テストがある。

　この授業の特徴的な点は、個々の学習者によりその授業内容が異なっているという点である。つまり、個々の学習レベルや「学び」の特質に応じて、配信される授業の内容や授業の進め方が異なっている。例えば、昨日の授業がどうしても理解できない場合には、今日も同じ学習を繰り返すことになる。この授業内容や学習をどのように進めるのかは、ＡＩがそれぞれの学習者の「教育ビッグデータ」をもとに判断する。また、ここでは個々の学習者がそれぞれオンラインで学習するが、教室にいる教師が個々の学習者をサポートする場合もある。

　そして、「学校」の存在意義が最も現れるのが、オンライン授業以外の「リアリティのある学び」を学習者にもたらすための授業である。既存の枠組みで言えば「体育・音楽・美術」などがわかりやすいけれど、そのような枠組みにとらわれる必要はない。社会見学などの参加型・体験型の学習、一冊の本を読んでみんなで話し合うこと、その地域で活躍している様々なプロフェッショナルのお話を聞くことなど、それぞれの教師の力量によってそのプランは無数にあるだろう。そして、いかに「リアリティのある学び」を子どもたちに創発させることができるのかが、「教育現場」にとっての勝負となるのである。

8　「見えにくい能力」に着目する

8.1　今、ＡＩが一番「苦手なこと」：トロッコ問題

　まず、哲学・倫理学者の岡本裕一朗が実用化されようとしている「ＡＩが搭載された自動運転車」を予測して提示した次のよう

な問題を考えてみてほしい（岡本 2018）。

> あなたは自動運転車の乗員で、狭い山道をドライブし、トンネルの入り口にさしかかろうとしている。そのとき、子どもが突然道路に入り、クルマの前に飛び出してきた。ブレーキをかけても、子どもへの衝突を回避する時間はなさそうだ。進路を変えると、今度はトンネルの壁に激突してしまう。子どもを轢けば子どもが死亡し、壁に激突すれば乗員のあなたが死んでしまう。このとき、自動運転車はどう判断すべきか。 （岡本 2018）

「最新のＡＩ」活用においてもっとも期待されている分野のひとつが「自動運転」である。現在、ＡＩがハンドル操作と加減速をサポートすることは現実的になっている。２０１８年には、ドライバーが運転席に座っていることを条件として、高速道路などの限られた場所でのみ自動運転可能なドイツ車の日本国内販売が許可された。そして次の開発目標は、ドライバーが運転席に座っていなくても自動運転が可能なクルマだという（ニュートンプレス 2020）。自動運転が可能になればドライバーの負担が減るだけでなく、ドライバーの不注意による事故が大幅に減少することになるだろう。

ある意味で開発の最終段階にきている自動運転の研究開発であるが、ひとつ最後に残っている難問があるという。上に示したような、「倫理的な問題」である。

ここで一旦、自動運転のことは忘れて、明日のドライブでそのような状況に遭遇してしまったことを考えてみよう。この時、「飛び出してきた子どもは１人、クルマに乗っているのはあなたと奥さん、そして３人の愛する子どもたち」だったらどうだろう？あなたはやむなく、飛び出してきた子どもを轢いてしまうかもし

れない。

　それでは、「飛び出してきた子どもは５人、クルマに乗っているのはあなたひとり」の場合はどうだろう？　このように考えていくと、問題は決して簡単ではないことに気づく。結局は、ドライバーの生まれ育った環境や価値観などに基づく「その人の判断」になってしまうだろう。さて、それでは「その人の判断」を、どのように自動運転のＡＩに組み込むことができるのか？

　実は、これは「トロッコ問題」として昔から議論されてきた問題である。「トロッコ問題」は当初、フィリッパ・フットが１９６７年に考案したごくシンプルな思考実験だった。

トロッコ問題（１９６７年オリジナル版）

　　暴走する路面電車の前方に５人の作業員がいる。このままいくと、電車は５人全員をひき殺してしまう（５人は何らかの理由で線路から逃げることができない）。一方、もしも電車の進行方向を変えて退避線に向ければ、そこにいる１人の人間をひき殺すだけですむ。さて、路面電車の運転手はそのまま何もせず５人の作業員に突っ込むべきか、それとも向きを変えて１人の人間をひき殺すべきか？

　　　　　　　　（トーマス・カスカート、小川・高橋訳２０１５）

　「トロッコ問題」はイギリスの哲学雑誌に掲載され、意外なほどの反響をよんだ。１９８５年になると、アメリカの哲学者ジュディス・ジャーヴィス・トムソンがこの問題の新しいバージョンを作成した。

トロッコ問題（１９８５年版）

　　今度は、暴走する路面電車をあなたが目撃しているとする。しかもすぐそばには、電車の進行方向を変えるための切り替えスイッチ

がある。あなたが何もしなければ、電車はそのまま突き進んで5人の人間をひき殺す。一方、切り替えスイッチを操作して電車を待避線に向ければ、犠牲者は1人だけですむ。

この新たな問題のポイントは、運転手ではなくただの目撃者であるという点だ。運転手にはどちらかを選ぶ責任があるが、目撃者にはその責任がない。・・中略（引用者）・・さて、暴走する路面電車を目撃したあなたは、何もせず成り行きにまかせるべきだろうか。それとも切り替えスイッチを動かして、5人を救い1人を死なせるべきだろうか？

（トーマス・カスカート、小川・高橋訳2015）

その後も、様々なバージョンの「トロッコ問題」が提案され、その都度大きな議論を巻き起こした（註42）。

「トロッコ問題」は、ＡＩにとって最も苦手な哲学的・倫理的な問題とされる。この問題の解決には、人間の価値観や倫理観などが複雑に絡み合っている。換言すれば、判断する人の「リアリティ」が大きく関与していると、私は考えている。例えば、スマホの中のゲームでは簡単に殺人を犯すことができる人でも、現実世界での殺人は普通できない。なぜなら、現実世界には「リアリティ」があるからだ。

そう考えると、「現実世界に"リアリティ"を感じることができない」と言うことは、人間にとって非常に重大な問題なのである。

8.2 ＡＩ開発領域における2つの古典的研究

ここに、ＡＩの開発領域でしばしば引用されてきた有名な2つの古典的な研究がある。「チューリングテスト」と「中国語の部屋」である（渡部1998、神崎2016）。

「チューリングテスト」は1950年に数学者アラン・チュー

リングが提唱したもので、その後ＡＩ開発の際に「人間らしいとはどうことか」の基準になった研究である。まず、次に示すようなひとつのゲームを想定する。

　2つの部屋の一方に、ひとりの男性とひとりの女性がいるとする。もう一方の部屋に質問者が入り、彼らに様々な質問をしてどちらが男性であるかを当てるというゲームである。このゲームは質問者と別の部屋にいる男性とで勝負を競うもので、どちらが男性であるかを質問者が当てれば質問者の勝ち、間違えば男性の勝ちとする。当然、男性は女性のまねをして質問者を欺こうとし、勝負に関係のない女性は正直に答える。声の調子などからどちらが男性かがわかってしまわないようにするため、回答はテレタイプ（今で言えば「チャット」のようなもの）を通じておこなう。

　さてここで、男性の役をコンピュータにやらせたとする。コンピュータは、人間の男性と同じように質問者を欺くことができるだろうか？　もし、それができたならば、つまり人間並みの回答をすることができたならば、コンピュータも「人間と同じような知能を持っている」と判断して良いことになる。これが「チューリングテスト」である。「チューリングテスト」が考案された１９５０年以降、このテストはＡＩが示す「人間らしさ」の基準としてＡＩ開発に大きな影響を及ぼすことになる。

　もうひとつの研究は、哲学者ジョン・サールが１９８０年に論文で発表した「中国語の部屋」である。これは、「チューリングテスト」に対する反論として発表された研究である。隔離された部屋に中国語がわからないイギリス人を閉じ込め、外から中国語で書かれたメッセージが与えられる。部屋の中には対応マニュアルが置いてあり、どのようなメッセージが与えられたらどのように返信するかが示される。イギリス人は中国語が全く分からなくてもマニュアル通りの対応をすれば、観察者は「中の人は中国語

が使える人である」という判断をするだろう。

　さて、ここでサールは、その「部屋の中にいるイギリス人」の代わりに「英語と中国語の翻訳機能を持ったコンピュータ」を想定する。つまり、英語を入力すれば正しく中国語に翻訳して出力してくれるＡＩである。ＡＩは決して中国語を理解しているわけではないが、先の例と同じように、外から見れば「中国語が使える」と判断されるだろう。ここでサールは、このＡＩは「チューリングテスト」には合格しているけれど「知能がある」とは決して言えないのではないか、と疑問を呈する。「中国語の部屋」の研究が発表された当時、「チューリングテスト」に合格するような「エキスパートシステム」が大きな話題になっていた。表面的には人間と同じ知能を持っているように見えるＡＩが次々に現れるのを見て、サールは大きな違和感を抱いたのだろう。「そのようなＡＩの賢さには、まったく〝リアリティ〟が感じられない。本当に、表面に現れる能力だけを見て人間の賢さを判断しても良いのだろうか？」と。

8.3　「目に見える能力」と「見えにくい能力」

　5の節で示したように、近代教育では「効果的・効率的な教育」という目標のもと、主に「目に見える能力」に着目して評価や実践を行ってきた。しかし私たちは、人間の能力には表面に現れる「目に見える能力」の他に「目に見えない能力・見えにくい能力」があることを経験的に知っている。そして近年、教育現場においても「コンピテンシー（コンピテンス）」という用語とともに「目に見えない能力・見えにくい能力」にも着目しようということが提唱され始めている（松下 2010、渡部 2017）。

　「コンピテンシー」は、もともと「経営学」の領域で盛んに議論されてきた概念である。ハーバード大学の心理学者マクレラン

ドとその共同研究者スペンサーらは、従来の知能テストの結果や学校の成績では就職した後の仕事の業績は予測できないと考えた（スペンサー他　2001）。つまり、「仕事ができるか、できないか」は従来のテストで計れるような知識やスキルが重要なのではなく、性格的・身体的な「特性」や「動機」など、つまり「コンピテンシー」が重要であると主張したのである。知識やスキルは客観的に測定可能であり、また目で見ることが比較的容易である（一般に「パフォーマンス」と称される）。しかし、性格的・身体的な「特性」や「動機」などは仕事の業績に大きく影響するにもかかわらず、その評価は困難であり潜在的なものである（これが一般には「コンピテンシー」あるいは「コンピテンス」とされる）。

　例えば、企業における人材育成を考えた場合、商品に関する知識や営業の仕方などは社内教育により獲得させることが可能である。しかし、商品開発のためにチームで協力してアイディアをまとめたり、営業における様々なトラブルを臨機応変に処理したりするためには単に知識やスキルを学べば良いというものではなく、もともとその人が持っている「コンピテンシー」が重要になる。企業側の立場に立てば、入社の時点でこうした「コンピテンシー」のすぐれた人材を選考することが、人材育成のためのコスト面から言っても重要である。つまり、スペンサーが言うように「たしかに七面鳥に樹に昇ることを教え込むことも可能かもしれないけれど、りすを採用した方が手っ取りばやい」のである（スペンサー他2001）。

　経営学領域で「コンピテンシー」の研究が始まったのは1970年代で、その研究成果は例えばアメリカでは1990年代以降に応用されはじめ、現在でもビジネスの現場で多くの議論が行われている。

　その「コンピテンシー」が近年、「教育」の現場でもしばしば議論されるようになっている。それは、企業において生産性を高

めるための「コンピテンシー」という概念が、「教育」において
も「効果的・効率的な学習」を促すために活用され始めたことを
意味する。私は拙著『教育現場の「コンピテンシー評価」』のな
かで「目に見える能力」を「パフォーマンス」、「目に見えない能
力・見えにくい能力」を「コンピテンシー」と区別して検討した。
そして、教育現場においても「パフォーマンス」は「コンピテン
シー」から大きな影響を受けていること、「コンピテンシー」は
文脈や状況に大きく影響すること、「パフォーマンス」だけでは
なく「コンピテンシー」にも着目した指導が重要であることなど
を示した。また、客観的・分析的に評価可能な「パフォーマンス」
と比較し「コンピテンシー」の評価は困難であるにもかかわらず、
人間が持つ能力としてはより本質的で重要であることを指摘した
（渡部 2017）。

　「エキスパートシステム」が表面に現れる能力を著しく向上さ
せていた１９８０年代、ジョン・サールが「中国語の部屋」で呈
した疑問が今、教育現場にもまったく同じように当てはまる。「教
育現場では、表面に現れる能力を客観的に評価しているだけで良
いのだろうか？」、と。

8.4　「コミュニケーション」が先か、「言語」が先か？

　私が子どもたちの「見えにくい能力」、つまり「評価すること
が困難な能力」の重要性に気づいたのは、私が教員養成大学で特
別支援学校の教員を目指している学生を指導していたときであ
る。私は学生とともに、ひとりの自閉症児・晋平を指導していた
（渡部 1998、2005、2018）（註４３）。そこで、次のような出来事
に出会ったのである。

　ある日、晋平の母親が何気なく、次のように言った。

晋平にとっては、特に話さなくとも別に何の不自由もないはず
です。でも、せめて何か人に親切にしてもらった時に「ありがと
う」と言えるくらいにはなってほしいと思います。（晋平の母親）

　晋平の母親は、人とのコミュニケーションをスムーズにするた
めに、感謝の気持ちを言葉で伝えることができるようになってほ
しいと言う。この一見あたりまえのことが、その時の私はとても
気になった。そして、次のように思った。

疑問：コミュニケーションが成立しているから、「ありがとう」と言
　　　えるのではないか？

　人と人とのコミュニケーションでもそうだし、自閉症児に対す
る教育でもそうなのだが、様々な情報を「きちんと言葉で伝える」
ということはとても重要なことであるとされる。様々な情報や自
分の気持ちを「きちんと言葉で伝える」ことによってはじめて、
コミュニケーションが成立する。だからこそ、コミュニケーショ
ンが苦手な自閉症児に対する「言語指導」は非常に大切であると
されてきた。そして、言語理解や言語表出という「見える能力」
に対する「客観的・分析的な評価」が重視されてきた。しかし、
そのような常識に対し、私にはふと疑問が生じたのである。
　検討のポイントを整理するため、図示してみる（図8−1）。
感謝の気持ちを「ありがとう」という言葉で伝えることによって
コミュニケーションが成立すると考えれば、「ありがとう」は原
因であり、その結果として「コミュニケーションが成立する」（A）。
ところが、コミュニケーションが成立しているから「ありがとう」
が言えると考えれば、「コミュニケーションの成立」が原因で「あ
りがとう」と言えることが結果になる（B）。興味深いことに、

その因果関係がまったく逆転してしまう。

　さらに、この図に「言語指導」という観点を加えると、前者（A）は、「言語指導を行なうことによって"ありがとう"と言えるようにし、コミュニケーションをスムーズにする」と言い換えることができる（A'）。この場合、言語指導が原因となり、その結果「ありがとう」と言えるようになる。そして、「ありがとう」と言えることが原因となり、その結果としてコミュニケーションがスムーズになる。このように考えれば、とても明確に言語表出とコミュニケーションの関係を示すことができる。つまり、もし「きちんと言葉で伝える」ことを求めようとすれば、きちんと言語指導を行い確実に「ありがとう」と言えるようにし、その結果としてコミュニケーションの改善を図るという選択をすることになるだろう。

　一方、後者（B）では、コミュニケーション能力を発達させる原因を特定することは難しい（B'）。様々な要因が複雑にからみあい、その相乗効果によってコミュニケーションが発達する。また、コミュニケーション能力は、一般に見えにくく評価は困難である。さらに、コミュニケーション能力の向上と言語能力向上の関係性も見えにくい。

　しかし、「コミュニケーションが成立しているから、"ありがとう"と言えるのではないか？」という私の疑問はその後、晋平の指導を進めていく上での大きな指針になったのである。

8.5　晋平にとっての「リアリティ」とは？

　あらためて、晋平について簡単に紹介する。私が晋平とはじめて出会ったのは彼が4歳になったばかりの時であったが、その時の晋平は言語を理解できず話すこともできなかった。母親とも視線が合わない、数字や記号に対する強いこだわり、偏食、奇声、

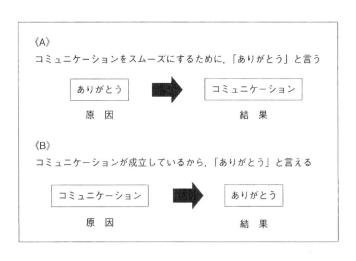

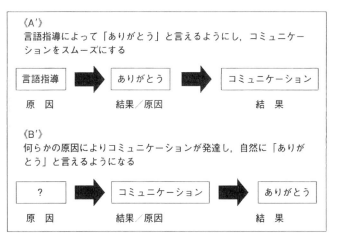

図8-1　コミュニケーションと「ありがとう」の関係

多動などが顕著に認められた。具体的には、晋平は次のような特徴を示した。

晋平は物心がついた頃から、数字やアルファベット、ひらがな、カタカナに対する強いこだわりが認められた。晋平は「かなブロック」が大好きだったが、いつもすることは「あいうえお、かきくけこ、さしすせそ・・・」ときちっと並べることである。つまり、晋平が好きなのは、純粋に「整然と並んだ記号」なのである。リンゴの絵を見ながら「り・ん・ご」と並べたり、「し・ん・ぺ・い」と自分の名前を作って喜んだりはしない。例えば、母親が一緒に遊ぼうとして晋平が遊んでいる横に座り、「し・ん・ぺ・い」と「かなブロック」で作ろうものなら、表情ひとつ変えず即座に手が飛んできてそれを壊すという。彼にとって、「し」という記号の次に来るものは「しんぺい」の「ん」ではなく、「さしすせそ」の「す」でなければ絶対に許すことはできない。この「きちっと並んでいる」ということには、とことんこだわるのである。

その他にも晋平は、「整然と並んでいるもの」に対し強いこだわりを示した。例えば、一定間隔で同じような木が整然と並んでいる並木道は晋平のお気に入りであるし、同じようなデザインのバスが一列に整然と走り出していくバスセンター前の道路も大好きである。当然ミニカーを一列に並べることも大好きであり、何十台ものミニカーを数ミリの狂いもなくきちっと並べ、悦に入っている。晋平は、医師により「自閉症」との診断を受けた（註44）。

ところで、コミュニケーションと「ありがとう」の関係に疑問を持ったのと同じ頃、私はもうひとつの疑問を感じていた。それは、以下のような出来事に端を発している。

晋平がひとりで遊んでいる側で、私は母親と世間話をしていた。私がふと晋平に視線を移すと、偶然晋平の視線と合った。晋平と

視線が合うことは稀なことなので、私は少し驚いた。そして、次の瞬間、私には次のような疑問が生じた。

疑問：晋平は、私と母親が「話している」様子をどのように見ているのだろう？

　この疑問に対しては、取り合えず２通りの晋平の気持ちが考えられる。

ケース１：「ボクもみんなと同じようにしゃべりたいなあ。」
ケース２：「みんなよくしゃべっているよなあ。でも、ボクには関係ないよ。」

　これらは、「話すこと」に対する「動機　motivation」に関係している。そして、ケース１では積極的な言語指導への参加が期待される。もし晋平がこのような言語指導に対する能動性を持ち、指導に対して協力的であったならば、言語指導は非常に効果的に行なわれうるだろう。換言すれば、このような晋平側の条件が整って初めて、「きちんと評価し、きちんと指導する」ことが有効性を持つようになる。しかし、私には晋平が自分から話そうとしているとは考えられず、母親が言うように「話さないことに対して何の不自由も感じていない」ように思われた。
　晋平の場合、その状況はケース２に近いと私は当初考えていた。つまり私は、晋平は「話すこと」に対する動機が全く無いのだと考えていた。そして、晋平の「話すこと」に対する動機を高めるために、「話す」という課題に成功した場合には報酬としてチョコレートを与えるという方法を試みた。しかし、それは全くの失敗であった。言語指導に対して積極的に参加するための契機にし

ようと用いた報酬が、晋平にとっては１次的な目的になってしまった。つまり、晋平は課題の成功や失敗にかかわらず、執拗にチョコレートを要求した。その態度は、私たち（私と担当の学生）に「成功したときだけチョコレートを与える」という取り決めの撤回を迫るほど激しいものであった。

　このような指導の失敗を経験し、私の認識は変化した。つまり、「私と母親が「話している」様子を、晋平はいったいどのようにみているのだろう？」という疑問に対して解答しようとするとき、動機という視点だけで検討することは誤りではないのかと考えるようになった。そして私には、次のような仮説が浮き上がってきた。

仮説：晋平の耳には（目には）、我々の話していることが全く入っていない！　つまり、晋平にとって「話すこと」にはまったく「リアリティ」がない。

　もちろん、晋平に聴覚障害があるとか、視覚障害があるということではない。この仮説は、物理的には同じ「場」を共有していながら、晋平は全く異なった「世界」に存在しているということである。つまり晋平にとって、「私と母親が「話している」こと」は別世界の出来事であり、全く「リアリティ」がないのである。したがって、「話したい」とも思っていないし、「自分には関係ない」とも思ってはいない。このような意味で、晋平が「話せない」という状況は外国人が日本語を「話せない」という状況とは全く異なっている。

　私と学生は、母親との丁寧な話し合いを行い、言語に焦点を当てた指導をする前に、コミュニケーション能力および認知能力を高めるための指導を中心に行っていくという方針を立てた。

　４歳から小学校入学までは週１回の個別指導と週１回の小集団

指導、小学校入学から１０歳までは週１回の小集団指導を継続した。そして結果的に、それは晋平に対して予想以上の発達をもたらすことになったのである（指導内容に関しての詳細は、拙著『鉄腕アトムと晋平君―ロボット研究の進化と自閉症児の発達―』参照）。

8.6　「指書」という「見える能力」の表出

　晋平は、小学校４年生になっていた。その夏、母親は驚いて私に次のように報告してくれた。

　　それは８月の最終日、今日で夏休みが終わり、明日から学校という日でした。
　　夕食を食べ終え、晋平、お姉ちゃん、そして私の３人が、お姉ちゃんの部屋でくつろいでいたときのことです。お姉ちゃんは、明日の学校の用意をしていました。私が何気なく「もう夏休みも終わりね」と言うと、晋平がランドセルのミニチュアを指さしました。それはお姉ちゃんのアクセサリーです。
　　「ああ、晋平も明日から学校だという気持ちを表現したいんだな。」
　　そう思いましたが、特にそれに対して反応することもなく、ただボーッとしていました。お姉ちゃんも、晋平が指さしたことに気づいたのか気づかなかったのかわかりません。
　　すると晋平は、突然私の手を取ると手を開かせ、手のひらに「がっこう」と指で書きました。そんなことはこれまで一度もなかったので、とても驚きました。　　　　　　　　（晋平の母親）

　この事件をきっかけにして、晋平は自己表現の手段として「指書」を使い始めた。指書が出現し始めた当初、最も頻繁に出現し

図8-2　指書をしている晋平（10歳）

たのは母親に対してであり、それは学校から帰ってきた後のゆったりした時間に多くみられた。晋平は母親の手を引っ張り自分のところに寄せ、その手のひらに人さし指で書く。もし間違って修正したいときには、手でごみを払うように母親の手のひらをなでる。この行為は頻発し、書いては消しまた書くことが頻繁に行われた（図8-2）。

　さらに興味深いことは、その「書き順」である。指書の書き順は、しばしば間違った書き順であった。例えば「くるま」の「ま」は、最初に中央の縦線（＋くるりとひねり）を書いてから横線2本を書く。ところが、学校の授業中行う書字や宿題のプリントで書く文字の書き順はほとんどの場合、正しかった。「くるま」も正しい書き順で書いていた。つまり晋平にとって、コミュニケーション手段としての文字（指書）と、お勉強としての書字では、たとえ同じ文字であったとしても全く異なった意味を持つと考えられた。この現象に対して、私は次のように考えた。

仮説：「認知能力・コミュニケーション（見えにくい能力）」が十分に発

達したところで、「見える能力」である「指書（言語）」が表出した。

仮説：晋平にとって、コミュニケーション手段としての文字（指書）
　　とお勉強としての文字（書字）では、異なった意味を持つ。

　8月下旬に初めて指書が出現してからしばらくは、3日に1回
ほどの頻度で指書は出現した。しかし、徐々にその数および頻度
が増加してゆく。指書が出現し始めた8月下旬から12月までの
約3カ月の間に母親は30以上の単語を確認している。例えば、
何かがほしいとき（要求）の指書としては、「ピザ」「カカオ（カ
カオの実というお菓子）」「オムライス」「ごはん」「さっぽろポテ
ト」「ドーナッツ」「チキン」などが出現した。また、何かをして
ほしいときの指書としては、「せっけん（手を洗いに一緒に来て
ほしいとき）」「くるま（車に乗りたいとき）」「レンジ（エピソー
ド1参照）」などが見られた。さらに、何かを伝えたいときの指
書としては、「は（歯が痛いとき）」「ふとん（ベッドに行くこと
を告げるとき）」「ランドセル（明日学校があるかどうか尋ねると
き）」「あし（スケートをした後、靴を脱ぐとき）」などが見られた。
その他にも、「かっぱぁーず（晋平の好きなスポーツクラブの名
前）」「みつば（晋平の好きなお菓子屋の名前）」「め（母親のコン
タクトレンズのケースを指さして）」「スパゲッティー（エピソー
ド2参照）」などが出現した。

《エピソード1》
　晋平は好物のラザニアを冷蔵庫から取り出し、母親のところに
持ってきた。そして、母親の手を取り指書を開始。母親は「ラザニア」
と指書するものと予想していたが、「レンジ」と指書。母親は大変
驚いたと言う。

《**エピソード2**》

　　その日の夕食はスパゲッティーだった。晋平はそれを知ると、本
棚から「あいうえお辞典」を取り出しスパゲッティーの項目を引き、
その書き方を確認。改めて母親に対し「スパゲッティー」と指書。

　指書が出現してから３カ月後の１１月、はじめて学校において、
先生に向かって「トイレ」と指書が出現する。12月には30単語
以上の指書が出現し、その頻度も１日に４、５回から十数回に増
加した。さらに、母親だけでなく姉および祖母に対しても指書が
出現するようになり、学校でも教師に対する指書が増加してゆく。
この頃、教師からの連絡帳には、コミュニケーション改善の様子
が記載されている。例えば、「この頃、‘トイレに行く’という意
味での‘トイレ’の指書が定着しました」などの記載が見られる。
　次の年の１月には「おやすみ」などの挨拶の指書が出現。初め
ての指書から６カ月後には指書の数が100単語を越え、指書が日
常生活に定着したと考えられた。この頃、テレビのおもしろい場
面で声を出して笑うようになってくる。母親によれば、そのよう
なことは「今までにはなかったこと」と言う。４月頃から、これ
まではほとんど興味を示さなかった漢字単語に対し急に興味を持
ちだし、漢字絵本や漢字辞書に熱中する。母親に対し、漢字の音
読を求める行為が見られるようになる。また、自分で漢字を調べ
るという行為が頻繁に出現するようになる。
　さらに、４月には２単語続けて指書が出現する。例えば、姉が
お風呂に入っているとき母親に対し、「しゅうこ（姉の名前）」「お
ふろ」という指書が出現した。５月になると形容詞（「小さく」「お
おきな」）、動詞（「行く」）、助詞（「つみ木で」）、感情語（「すき」）
の指書が出現するといった品詞の拡大が観察された。
　その後、「指書」はコミュニケーション手段として定着していっ

た。そして、初めて「指書」が出現してから1年後、書き順の誤りは消失した。これまで乖離していた「学校におけるお勉強のなかでの書字」と「コミュニケーション手段としての指書」が、ここでようやく「文字言語」として統一されたと考えられる。

　ところでその頃、私は「指書を筆談に発展させるために指導しよう」と考えた。そして、試しに意識的に晋平に対し筆談を求めた。しかし、晋平はそれを強く拒絶した。また母親も、「はっきりとした理由はわからないけど、晋平にとって指書と筆談とは全く意味が違うように感じます」とコメントした。

仮説：晋平にとって「指書（指で相手の手のひらに書く）」と「筆談（ボールペンで紙に書く）」では意味が違う。

　検討の結果、私はしばらくのあいだ様子を見ることにした。ところが今回もまた、その問題は晋平自身が解決してくれた。晋平自身が自主的に筆談を開始したのである。それは、次のような場面であった。

　晋平は、祖母に何か伝えたいことがあったようだ。そこで、祖母の手を取ると手のひらに指書を始めた。ところが、祖母はなかなかそれを読みとることができない。しばらくすると晋平は突然その場から立ち去り、まもなく戻ってきた。そして、その手には紙とボールペンが握られていた。電話の脇に置いてあったメモ用紙とボールペンを持ってきたのだった。この時以来、筆談（書字）がコミュニケーション手段として使用されるようになったのである（詳しくは、渡部 1998、2005、2018　参照）。

　その後の晋平の成長は、それまで多くの自閉症児と接してきた私の予想をはるかに超えるものであった。高校時代には、「相手の気持ちを察したうえで自分の行動を決定する」という高度なコ

ミュニケーションも可能になった。また、小学校から好んで描いていた絵画も上達し、高校一年生からは毎年、小さな個展を開いている。そして現在は、障がいを持った仲間たちとともに仕事をしながら、休みの日には「バスの全路線制覇」と「美術館通い」を楽しんでいるという（お気に入りは、ジョアン・ミロの「ゴシック聖堂でオルガン演奏を聞いている踊り子」だと言う！）。

8.7 「見えにくい能力」の重要性

　近代教育は「客観的・普遍的な知識」をきちんと系統立てて教えることに力を注いできた。そして、個々の学習者の能力を客観的に測定するために「テスト」を行い、学習者の能力を客観的な数値としてとらえてきた。つまり、近代教育が主に対象としてきたのは、学習者の「目に見える側面」であった。そのような近代教育の枠組みは、高度経済成長期の「発展・競争・効率」という価値観にも適合したものだった。確かに、このような近代教育により日本の社会は著しい発展を遂げ、私たちの生活は（ある意味では）豊かになった。

　しかし、これからのＡＩ×データ時代、そして同時に社会における「不安定・不確実・複雑・あいまい」が増す「ＶＵＣＡ」の時代に必要なのは、目には「見えない能力・見えにくい能力」である。つまり、これまでの近代科学のようにものごとを理解しようとするとき対象を細かく分解し客観的に理解していくというやり方ではない。これからの時代に必要なのは、「対象を丸ごと捉え理解する能力」である。そして、「複雑な対象を複雑なままに捉えることができる能力」である。このような対象の捉え方によって人間の感性は刺激され、「理屈ではなく直感的にわかる」「リアリティを持ってわかる」ことが可能になるのである。

　しかし、「対象を丸ごと捉えること」「複雑な対象を複雑なまま

に捉えること」は、決して簡単なことではない。そして、短時間で身につくことはほとんどない。さらに、「教師が教えたから身についた」というようなものではなく、現象的には「いつの間にか身についていた」というような能力である。したがって、近代教育における「評価」の対象にはなりにくい。しかし、ＡＩ×データ時代に求められるのは、そのような能力なのである。

そして、そのような能力を育成するためにはたぶん、「不便」や「失敗」が必要なのだろう。子どもたちはそのような状況に陥ったとき初めて、自分の頭で考えようとする。そして、そのような状況からしか「新しい発見」「新しい発明」「新しい問題解決」は生まれない。効率よく学習した情報からは何も「クリエイティブに結びつく知識」は生まれない。苦労して、つまづいてやっと得た情報のみが「有効な知識」となる。

これまで近代教育が中心に据えてきた客観的・普遍的な「記号で表現できる知識」は今後、最新のＡＩが担当することになるだろう。そして、これからのＡＩ×データ時代の「教育」に求められるのは、「自分から課題を見つけ出す能力」、そして「その課題を自分の頭で考え、自分から解決方法を見つけ出す能力」の育成である。

私たちは、そのような「見えにくい能力」の重要性に気づいたとき、これまで当たり前と思っていた暮らしや仕事の「スピード」が異常に速すぎたことに気づくだろう。また、「グローバル化」と称し世界中にひとつの価値尺度を強引にはめ込んできたことが、人間にとって本当はとても大切な「ローカル＝私が今、生きている状況・環境・コミュニティ・社会」という概念を排除してきたことに気づくだろう。

ＡＩが驚異的な発展を遂げることにより今、人類における「知」の世界が大きく変わろうとしている。それは意外にも、近代教育

が排除してきた「記号では表現（表象）することが困難な知」、したがって評価することが困難な「見えにくい能力」に対して再度、目を向けることを求めているのである。

予測！

> AI×データ時代は、「見えにくい能力」への着目が重要になる。

戦略 Ⅴ　「超ＡＩ能力」を育成する！

9　岐路に立つ「ＡＩ×データ時代の教育」

9.1　これまでとはまったく異なる「新しい時代」

　授業中に何気なく「ブラウン管」と言ったら、学生から「ブラウン管って何ですか？」と質問を受けた。「えっ、ブラウン管を知らないの？」と驚いてきいたら「どっかで聞いたことはあるような気はするのですが・・・」と言う。

　私が子どもの頃は「テレビ」と言えば「ブラウン管テレビ」であったが、２１世紀に入り徐々に液晶ディスプレイやプラズマディスプレイを使用した薄型テレビに変わった。また、コンピュータのディスプレイも薄型ディスプレイに変わっていった。例えば、ディスプレイ一体型デスクトップコンピュータ「ｉＭａｃ」は、１９９８年に登場したときにはブラウン管ディスプレイであったが、２００２年のフルモデルチェンジの時に液晶ディスプレイに変わった。そのような状況を鑑みると、２０００年以降に生まれた学生が「ブラウン管って何？」と言うのも、不思議なことではないのかもしれない。

　「カメラ」にしても、「ブラウン管」とほぼ同じ状況である。まずフィルムを使用するカメラは、２１世紀に入り「デジタルカメラ」に代わった。そして、２００７年の初代「ｉＰｈｏｎｅ」発売を契機として「スマートフォン（スマホ）」に代わっていく。もうすでに、若者にとって「カメラ」と言えば「スマホのひとつの機能」にすぎないのかもしれない。実際にこのような経験をすると、「２０年の間に、時代は大きく変わったなぁ」と実感する。

図9-1　ニューヨーク5番街（左：1900年、右：1913年）（註45）

　ここに、2枚の写真がある（図9-1）。左が、1900年のニューヨーク5番街の様子。そして右が、同じ場所の1913年の様子である。よく見るとわかるように、1900年のニューヨーク5番街には馬車が走っていた。ところが、1907年10月「T型フォード」が完成した。そして、1913年のニューヨーク5番街には「T型フォード」があふれかえっている。たった13年の間に、ニューヨークの人々の暮らしは激変した。そして現在、私たちはこの頃のニューヨーカーと同じ状況にいるのである。

9.2　「夢物語」が現実になる時代

　ＡＩ×データ時代における「教育」を考える時、「現在、私たちの目の前にあるテクノロジー」を前提にして議論することは間違いである。今でもテクノロジーは猛烈な勢いで日々発展を続けており、5年先、10年先には状況は一変しているかもしれない。ここで近未来を予測する時まず押さえておかなければならないのは、世界規模でビジネスを展開している巨大企業の動向である。具体的には、アメリカの「ＧＡＦＡ（グーグル・アマゾン・フェイスブック・アップル）」、そして中国の「ＢＡＴＨ（バイドゥ・アリババ・テンセント・ファーウェイ）」である。

　そして、これからの巨大企業がビジネスの核に据えているテク

ノロジーが、次の３つである（山本 2020a）。

1　データを大量・高速に送受信する「５Ｇ」
2　大量のデータを蓄積する「クラウド（ビッグデータ）」
3　ビックデータを基に判断を行う「ＡＩ」

　まず、データを大量にかつ高速に送るための通信テクノロジーが「５Ｇ」である。「５Ｇ」は現在の「４Ｇ」回線のおよそ２０倍の速度・容量を持ち動画などストレスなく見ることが可能になると同時に、ユーザーから拾い上げた大量の様々なデータを高速でクラウド（サーバー群）に集積していく。そして、巨額の資金を持つ巨大企業が設置しているデータセンターのサーバー群に世界中の人々の様々なデータが蓄積されていく。企業は、これらの「ビッグデータ」を最新のＡＩで解析することにより、ユーザーにとって便利な様々なサービスを展開していく（クラウドサービス）。そのサービスを通して企業は、再びユーザーのさらなる情報を引き出していくのである。２の節で示したように、こうして「オンライン教育」も、Google やアマゾンなどの巨大企業が世界を支配するようになることは間違いない。
　もう一方で、今もっとも勢いがあり力を増しているのが、イーロン・マスクが率いる３つの企業、「ステラ」「スペースＸ社」そして「ニューラリンク」である。２０１９年１１月、「ステラ」は電動ピックアップトラック「サイバートラック」を発表した。この「サイバートラック」には、最先端の自動運転テクノロジーが搭載されているという。発表からわずか３日で、２０万台もの予約が入ったという（山本 2020b）。
　また、「スペースＸ」は２０２０年５月３０日、民間企業としては初めての有人宇宙飛行の打ち上げに成功した。スペースＸ社

図9－2　スペースＸ社の打ち上げ（註46）

の宇宙船「クルードラゴン（Crew Dragon）」は、米航空宇宙局（NASA）の宇宙飛行士２人を乗せて国際宇宙ステーションに向け打ち上げられた（図9－2）。民間企業による有人宇宙飛行は史上初で、米国内からの有人宇宙船打ち上げは９年ぶりだという（註46）。

　そして、イーロン・マスクが率いる３つ目の企業が「ニューラリンク Neuralink」である。「ニューラリンク」は２０１７年、「脳にチップを埋め込み、キーボードなどのデバイスを使わずに、直接ＡＩとやりとりすること」を目指して立ち上げられた。そして、２０２０年８月の発表によれば、未だ臨床試験は始まっていないが、アメリカ食品医薬品局（FDA）から、「Breakthrough Devices Program（重篤な疾患／状況に対する効果的な治療／診断の提供を目的とする）」の認定を受けたという。今後、臨床試験に向けた準備を進めることになるが、具体的な計画は、以下の通りである（註47）。

　手術は専用のアーム型ロボットで行い、皮膚切開や開頭手術などすべての操作を自動化しているという。複数の電極が、可能な限り大脳皮質上の血管を避けて田植えのように素早く埋め込まれ

ていく。そして、それらの電極に接続された「Ｎ１チップ」を開頭した頭蓋骨部分にはめ込んで皮膚を閉じれば手術は終了である。「Ｎ１チップ」の役割は、電極周辺の神経細胞活動を含む微少な電位変化を増幅した上でデジタル値に変換したり、その波形を解析したりすることであるという。

　まだまだ「夢物語」の域を脱していないが、このような技術が現実になれば、あらためて「教育」や「学校」の存在意義に関する議論が起こってくるかもしれない。

9.3　ＡＩにまかせておけば、便利で幸せ！

　今日の夕飯のメニューが、決まらない。

　「カレーにしようか？　それとも焼き魚にしようか？」

　困ったときには、ＡＩに相談する。

　ＡＩはこれまでの１年間、毎日蓄積してきたデータを参照する。前の日にハンバーグだったとき、次の日の夕食は焼き魚が多い。それに、今週は少しカロリーを取り過ぎている。

　そのようなデータを総合的に考慮し、ＡＩは「今夜の夕食は、焼き魚にしましょう」と答える。

　「そうだね、ボクも今日は焼き魚が食べたい気分だよ。」

　これは「データマイニング」と呼ばれる技術だが、ＡＩが「ビッグデータを分析してパターンやルールを取り出す技術」である。この例のように、私の食生活を毎日データとして蓄積しておき、それに栄養のバランスなどの基本的な情報を加えておけば、ＡＩが栄養バランスが整った、しかも私の好みに合ったメニューを提案してくれる。

　そのような日常が当たり前になれば、私はＡＩを「とても便利」と感じるだろう。そして、「今日の夕飯は焼き魚にしよう」と決めたのは「私が焼き魚を食べたいと思ったから」でも「ＡＩがア

ドバイスしてくれたから」でも、もうどちらでも良いという気持ちになるだろう。まさにＡＩは、私たちにとって「空気のような存在」になると同時に、私たちの「主体性」は知らないうちにだんだん薄れて行くだろう。

　２０１５年に経営コンサルティング会社「アクセンチュア」が実施した「グローバル消費者調査２０１５」によると、日本を含む先進諸国において、膨大な情報に日常的にさらされている消費者は情報過多のために効率的な選択が不可能になっている（堀内2018）。そして、「どれを選んでも大して変わりはない」という諦めのような感情になってしまったと言う（「コモディティ化」と呼ばれることもある）。それにより、結果的に製品・サービス、またそれらを提供する企業への執着が薄れるという新たな心理が生まれているというのである。

　実際、何かを買おうと思ってネットで検索しても、そこで見つかる複数の商品にはごく細かな違いしかない。多くの時間とエネルギーを費やして比較検討した挙句、「どれが良いのか分からない」「もう、何でもいい」となってしまう。そして結局、特に良いとは思っていない商品で妥協したり、あまりにも面倒なので買い物自体をやめてしまったりするのである。堀内によれば、これは「葛藤下の選択理論」と呼ばれるもので、あまりに多くの選択肢があると人々は選択することを先延ばししたり、選択そのものをやめてしまうと言う（堀内2018）。つまり、情報とモノが溢れる社会で暮らしている私たちは「わがまま化」を通り過ぎて、どんな情報に対しても比較検討を放棄する「無関心化」に至っている。あまりにも便利すぎて、もう何が欲しいということすら分からなくなっているのである。

　これとまったく同じような状況が、「教育現場」でも起ころうとしている。学習者は特に「主体性」など持たなくても、ＡＩ（Ａ

Ｉ教師あるいはＡＩチューター）が、その人にとって最も適切な学習の内容や学習の仕方を示してくれる。「あなたのこれまでの学習経験を分析すると、災害時における人間の集団行動パターンについて学習してみると良いですね」「数学のドリル学習はもう十分なので、英単語を覚えることに時間を使ってみたらどうですか？」・・・そのような便利なＡＩ時代になったならば、子どもたちはもう「主体的に学ぶ」必要などなくなってしまう。そして、教師も学習者もＡＩのアドバイス通りに「教える─学習する」を実行していけば、子どもたちは社会が求める人材に効率的に育ってくれるということになるだろう。

　そして学習者は、次のように考えてしまう。

「特に今、必死になって勉強しなくても、必要なときにＷｅｂを検索すればまったく問題は無い」
「何を学んでも結局は皆同じ。どの領域にもまったく興味は無い」
「特に勉強したからといって、人生は変わらない」
「もうすべてＡＩに任せておけば、万事うまくいくだろう」

　・・・つまり「学ぶ意欲を持たない学習者」が増えていることに対して、私は強い危機感を持っているのである。

予測！

> 　ＡＩ×データ時代には、「学ぶ意欲を持たない学習者」が増える。

9.4 「デジタルハンター」という新しい職業

「ＡＩ×データ時代ならではの新しい職業は？」と問われたならば、多くの人はまず「ユーチューバー」と答えるのかもしれない（2021年時点）。「ユーチューバー YouTuber」は、動画共有サイト「ユーチューブ YouTube」に自分で制作した動画作品を継続的に公開し、その動画に付帯された広告収益による配当を得て生活しているプロフェッショナルを指して言う。２００７年頃に誕生したと言われており、学研教育総合研究所の『小学生白書2019』によれば、小学生の「将来つきたい職業」の第２位に「YouTuber などのネット配信者」が入っている（註48）。ちなみに、男子だけで見れば「YouTuber などのネット配信者」は、小学生の「将来つきたい職業」の第１位である。

そして最近、私が「ＡＩ×データ時代ならではの新しい職業」として象徴的だと感じているのは、通称「デジタルハンター」、つまり「オープンソース・インベスティゲーション（世界各地の事件や犯罪の真相を暴く国際的な調査報道）」を行う人たちである（註49）。

ＡＩ×データ時代の特徴のひとつは、Ｗｅｂ上に様々な種類のデータが無限に公開されていることである。例えば、私が３０歳代の１０年間、暮らしていた福岡のマンションが、Google の「ストリートビュー」で簡単に見ることができる。そして、よく通っていた居酒屋がつぶれてしまい現在はドラックストアーになっていることなどを仙台にいながらすぐに知ることができる。また、メールでシンポジウムの案内が来た場合、シンポジストがどこに所属し、どのような研究を行っているのか、そしてどのような顔をしていて、（YouTube があれば）どんな声なのかまで知ることができる。

そのようなＷｅｂ上に公開されている「情報の海」の中から必

要な情報を探し出し分析することによって、事件や犯罪の真相を暴くのが「デジタルハンター」の仕事である。

　もともとこの仕事を世界で最初に始めたのが、一般市民の調査集団「ベリングキャット」（2014年設立）であると言われている（註49）。「ベリングキャット」とは、「ベル（鈴をつける）＋キャット（猫）＝猫の首に鈴をつける」という「他人が嫌がることに対して進んで立ち向かう」ことを描くイソップ寓話に由来する名前だと言う。その代表者が、「エリオット・ヒギンズ」という41歳のイギリス人だった（2014年の設立当時）。彼はそれまでゲームオタクだったが、今や世界のメディアや国際的なシンクタンクが「ベリングキャット」のメンバーを競うようにスカウトし始めているという。よく知られている具体例としては、「ベリングキャット」の元メンバーがイギリスの「ＢＢＣ」、アメリカの「ニューヨーク・タイムス」、オーストラリアのシンクタンク「戦略政策研究所」などに引き抜かれて、現在その組織の中で活躍している。彼らが真相を暴いた代表的な事件としては、以下のものがある。

・ウクライナ上空でのマレーシア航空機撃墜事件
・英国で起きたロシア人元スパイの毒殺未遂事件
・アフリカで起きたカメルーン軍兵士らによる母子銃殺事件　など

　ノートパソコンやスマホを武器にして、世界のどこからでもインターネットを通じて各地で起こっている事件の驚くべき真実を暴き出す。そして、国際政治を動かす強大な権力と対峙して、世界の耳目を集める事件の真相を暴いていくのが彼らの仕事だという。まさに、ＡＩ×データ時代ならではの新しい職業である。

9.5 「自分の頭で考える」が勝負の時代

　どのようにして彼らが事件の真相を暴いていくのか、「ウクライナ上空でのマレーシア航空機撃墜事件」を例として、少し具体的に見ていこう（註49）。この事件は、「ベリングキャット」の設立直後に起こった事件であった。

　２０１４年７月、ウクライナ東部でマレーシアの民間機「ＭＨ１７」が何者かが地上から発射したミサイルで撃墜され、乗客・乗員２９８名全員が死亡した。この地域はロシアの支援を受けた分離独立派の民兵などが支配しており、今もなおウクライナ政府側との戦闘が続いている。ロシアは事件への関与を否定して、事件の真相がわからないままになっていた。

　「ベリングキャット」のヒギンズらはまず、Ｗｅｂ上に一般市民が投稿した写真や動画（ＹｏｕＴｕｂｅ）を収集することから調査を開始した。すると、そのエリアでミサイルを運ぶトラックを一般市民が撮影した動画やドライブレコーダーの動画などが多数、見つかった。ヒギンズらは世界中に散らばっているボランティアの力も借りてそのひとつひとつを詳細に分析し、そのトラックの移動ルートを割り出す。つまり、ミサイルを乗せたトラックの背景に映っている商店やレストランの存在を、Googleマップ（ストリートビュー）などを活用して探し出し位置を特定したのである。

　もし、それらの写真や動画に日付が入っていない場合には、それらの写真や動画に映っている木の影の方向や長さを参考にして、そのトラックが映っている画像の日時を割り出した。そして、旅客機が撃墜された日の数時間前に、どのエリアを通過したかを明らかにした。ある軍事基地を出発してから事件現場に至るまでのトラック輸送全てのルートを明らかにしたのである。そして事件後、ミサイルが一発なくなっている輸送用のトラックが再び軍事基地に戻るまでのルートまでも確認した。

さらなる追求は「誰がミサイル発射の指示を出したのか？」、その責任者を探し出そうというものだった。そして、Ｗｅｂ上に「ミサイル運搬者と彼らに指示を出した者とのやりとりの電話を傍受した記録」がアップされているのを発見し、それを分析した。さらに、その分析結果を軍の幹部学校の音声情報や軍人たちが情報交換するサイトなどの情報を丹念に調べ上げ、犯行の指示を出した者を特定することに成功したと言うのである。

　さらに、同様の事件が２０２０年１月、再び起こった。１７６人が乗ったウクライナの旅客機がイラン領で墜落した。当初イラン政府は機体の技術的な問題によると発表していた。ベリングキャットで技術を磨きニューヨークタイムスに引き抜かれたひとりの記者はＳＮＳに上がったいくつかの動画を詳細に調査し、ひとつのスマホで撮影された２０秒足らずの動画に決定的な証拠が映り込んでいることをつきとめた。そこから調査を深めていき、とうとう真実を突き止めて報道したのである。

　以上のように、「デジタルハンター」はＷｅｂ上に無限に散らばっている様々なデータから「自分の仮説」に基づいたデータを選び出し、真相を明らかにしていく。彼らは、テキストや画像・動画だけでなく音声や位置情報等まで、真相を突き止めるために幅広く探し出し活用していく。この過程において最も重要なことは、自分の頭で考えた「仮説」を持っていると言うことである。

　このような「オープンソース・インベスティゲーション」は、ひとつの学問分野としてカリフォルニア大学・バークレー校で講座が開かれるまでになっている。カリフォルニア大学・バークレー校「ヒューマンライツセンター長」のアレクサ・ケニッグ博士は、次のように言う（註４９）。

　オープンソース・インベスティゲーションは、データをパズル

のピースのように組み合わせ、世界中の事件の情報をネットの海
から探し出す「創造的な仕事」です。（傍点は引用者）

　これからの時代は、「自分の仮説」を検証するためにＷｅｂ上
にある「ビッグデータ」をどのように活用するかが重要になる。
そしてさらに重要なことは、その人が「どのような有効な仮説を
生み出すことができるのか」なのである。

9.6　岐路に立つ「ＡＩ×データ時代の教育」

　私は本書の中で、ＡＩ×データ時代に起こるだろう変化に対し
て、「１７の予測」をした。ここであらためて、それらを書き出
してみよう。

予測：コロナ禍により急速に普及した「オンライン教育」は今後、ひ
　　　とつの教育方法として定着していく。

予測：ＡＩ×データ時代の「オンライン教育」は、「クラウド（ビッ
　　　グデータ×ＡＩ）」の技術や設備を持つ巨大企業が支配していく。

予測：これまでの「学校」における教育システムが崩れ、「オンライ
　　　ン教育」を利用した「個々の学び」が拡大していく。

予測：ＡＩ×データ時代は、最新のＡＩにより、私たちにとってます
　　　ます便利な社会になっていく。

予測：ＡＩ×データ時代は同時に、社会における「不安定・不確実・
　　　複雑・あいまい」が増す「ＶＵＣＡの時代」になる。

予測：ＡＩ×データ時代のＡＩは「自律的に学習」したり、ＡＩ同士が「学習し合う」方法により能力を向上させていく。

予測：ＡＩ×データ時代の「教育」では、「答えを出す能力」よりも「課題の解き方を探し出す能力」の重要性が増す。

予測：「ＡＩ教師」の登場により、人間教師の「知識やスキルを教える」という役割は失われていく。

予測：ＡＩ×データ時代の「教育」を考えるとき、「日本の伝統的教育」についての再検討が大きなヒントになる。

予測：ＡＩ×データ時代には、「じっくり時間をかけて学ぶ」ことによってのみ獲得できる能力の重要性が増す。

予測：ＡＩ×データ時代は、「現実世界に"リアリティ"を感じながら学ぶこと」が重要になる。

予測：ＡＩ×データ時代、子育てや教育と「スマホ」などのテクノロジーとの関係性が大きな課題になる。

予測：ＡＩ×データ時代の「学校」は、「リアリティのある学びの場」になる。

予測：ＡＩ×データ時代は、「見えにくい能力」への着目が重要になる。

予測：ＡＩ×データ時代には、「学ぶ意欲を持たない学習者」が増える。

１０節では、さらに次の２つの予測を示す。

予測：ＡＩと人間との関係において、「勝つ・負ける」ということを
　　　検討すること自体が「無意味なこと」になる。

予測：ＡＩ×データ時代は、「常に発展し続けるＡＩと上手くつきあ
　　　いながら、私自身の幸せを実現する」という発想、そしてそれを
　　　実現するための「能力」が重要になる。

　以上のように、ＡＩ×データ時代に起こるだろう変化に対して
の予測を書き出してみると、あらためて時代が大きく変化してい
くことを実感する。また、これらのほとんどは単なる「予測」で
はなく、「確実にそうなるだろう」と思われる。
　そして、今後の「教育」は変わっていかなければならないこと
を実感するのである。

１０　「賛ＡＩ」でもなく、「反ＡＩ」でもなく、「超ＡＩ能力」を育成する！

１０.１　「賛ＡＩ」でもなく、「反ＡＩ」でもなく

　現在「ＡＩ×データ」に対しては、「賛ＡＩ」と「反ＡＩ」
という２つの考え方がある。「ＡＩ活用能力を積極的に育成して
いこうという立場（賛ＡＩ）」と、どちらかと言えばＡＩに対し
て警戒心を持っておりＡＩに負けない「人間だけが持つ能力を育
成していこうという立場（反ＡＩ）」の２つである。どちらの考
え方に基づくかにより、ＡＩ×データ時代における「教育」のあ
り方に対する考え方も異なってくる。
　まず「賛ＡＩ」の立場では、「ＡＩを道具として使いこなすた
めの能力を積極的に育成すべきである」という考え方が中心にあ

る。この考え方は、これまでの「ＩＣＴ活用教育」の延長線上にあり、コンピュータやインターネット、デジタル教科書や電子黒板などのテクノロジーを教師、学習者ともに自由自在に扱えるようになれば、より「効果的・効率的な教育」およびより「効果的・効率的な学習」が可能になると考える。例えば現在、教育現場で大きな話題になっている「プログラミング教育」の必修化は、ＡＩが普及・浸透するこれからの社会のなかで子どもたちがより善く生きてゆくために必要な知識やスキルをきちんと教えようという意図がある（渡部 2019）。

　しかし少し冷静になって考えれば、ＡＩを自分の思い通りに使いこなせるようになればＡＩを便利な道具として活用することができるという「賛 ＡＩ」の立場は逆に、そのような能力の育成に失敗すれば人間はＡＩに負けてしまう、支配されてしまうという「反 ＡＩ」の考え方も秘めている。

　このような「反 ＡＩ」の立場は、典型的には「シンギュラリティ（技術的特異点）」という不安を生み出す（カーツワイル 2016）。ＡＩがこのまま発展し続けてゆくと、それほど遠くない将来ＡＩや「ロボット」が人類を滅ぼしてしまうのではないか。滅ぼすまではいかないとしても、人類は彼らに支配されてしまうのではないかという不安である。ＡＩが人間の知能レベルを遙かに超えてしまった結果、人間がＡＩを制御することができなくなり、人間がＡＩを「道具」として管理・支配できなくなることに対する恐怖心がその背景にはある。

　4の節で示したように、最新ＡＩの最大の特徴はＡＩ自身が知識を獲得するための作業、つまり「機械学習（ディープラーニング）」を行うことである。最新のＡＩは、人間の関与無しにＡＩ自身が自律的に学習を進めて行く。さらに、２つ以上のＡＩが人間の関与無しに互いに学習し合うという特徴がある。これが、「人

間はＡＩを制御できなくなってしまうのではないか」という恐怖心に結びつくのである。カーツワイルによれば、「シンギュラリティ」は２０４５年までに起こるとしている。

「反ＡＩ」の立場では、「シンギュラリティ」のような事態に陥らないために、私たちは「人間だけが持つ能力」を育成しなければならないと主張する。私たちはＡＩにはない「人間だけが持つ能力」により、ＡＩよりも優位な位置に立とうとしているのである。

しかし私は、このような「反ＡＩ」の考え方もまた無理があると感じている。なぜなら今現在、「ＡＩに負けない能力とは何か？」を検討し一応の答えを出したところで、それは「今のところは人間の方がＡＩより優れている」と言うに過ぎないからである。今後もＡＩは著しい発展を続けていくだろう。そして近い将来、数年前までは「ＡＩに負けない」と考えられていた人間の能力が、あっさりと「ＡＩに負けてしまう」ことになるかもしれない。

例えば「自動車」が普及し始めた２０世紀初頭、「自動車はすぐ壊れる。それに、とても危険だ」と敬遠する人々も多かっただろう。「馬車の方が絶対に便利だよ。馬は私の言うことを素直に聞いてくれるし、どんな遠くまでも頑張って行くことができるんだ。自動車なんかに負けないよ」と考える人も多かったに違いない。

しかし現在、日常生活の中で自動車を使用することは「当たり前のこと」になり、「自動車に負けないように」と考える人はいない。まったく同じように、ＡＩは間もなく社会の中で当たり前の存在になるだろう。そして、ＡＩの存在を意識するのは一部の「ＡＩの専門家」だけで、一般の人々はその存在すら意識することはなくなるだろう。まさに、ＡＩが「空気のような存在」になることは間違いない。

そのように考えると、そもそもＡＩと人間との関係において、

「勝つ・負ける」ということを検討すること自体が「無意味なこと」なのではないかと思えてくる。今後のＡＩ×データ時代で大切なことは、ＡＩを道具として積極的に使いこなしていこうとする「賛ＡＩ」でも、「ＡＩに負けない能力」を探求し育成していこうとする「反ＡＩ」でもない。

　では、私たちは今後、ＡＩをどのように考えていったら良いのだろう？　特に「教育」において、私たちはＡＩとどのようにつき合っていったら良いのだろう？

　本書の最終となるこの節では、ＡＩ×データ時代における「人間とＡＩの関係性」について、少し本質的なところから検討していこうと思う。

予測！

> ＡＩと人間との関係において、「勝つ・負ける」ということを検討すること自体が「無意味なこと」になる。

10.2　薄れつつある「人間とＡＩの境界線」

　とりあえず、現時点でＡＩに負けない「人間だけが持つ能力」とは具体的にどのような能力なのかを考えてみる。その候補としては、「創造力（新たな何かを生み出す能力）」「感性（センス）」などが考えられる。これらの能力は、これまでも「機械には持つことができない人間だけが持つ能力」としてしばしば言及されてきた。

　しかし一方で、ＡＩ研究者は日々「創造的な仕事をするＡＩ」や「人間と同じような感性（センス）を持つＡＩ」の研究開発に日夜努力を続けている。例えば近年、小説を書くＡＩ（ロボット）や絵画を描くＡＩ（ロボット）が話題になっている（註50）（新井・

宮内他 2017)。松原仁が率いる「きまぐれ人工知能プロジェクト作家ですのよ」では、２０１２年から「コンピュータで星新一を超える」を目標としてショートショート（短編小説）の自動生成プロジェクトを始動している。実際にＳＦ小説家の星新一が執筆したショートショート全編をＡＩに分析させ、その分析結果を基にした新たな作品を創作させている。２０１６年の第３回日経「星新一賞」（日本経済新聞社主催）に４作品を応募し、その一部の作品が第１次審査を通過した（佐藤 2016）。登場人物の設定や話の筋、文章の「部品」に相当するものは人間が用意し、ＡＩがそれをもとに小説を自動的に生成したという。ＳＦ作家の長谷敏司は「きちんとした小説になっており驚いた。100 点満点で 60 点くらいの出来で、今後が楽しみ」と述べたと言う（註５１）。

　さらにもうひとつ身近な例を示せば、「相手の気持ちを読み取るＡＩ（ロボット）」はもうすでに、かなりの完成度まで開発が進んでいる。最新のＡＩは、人間の顔の表情を「画像解析」の技術により詳細に分析することが可能だし、過去に学習した顔の表情に関するビッグデータを用いて「相手の気持ち」を推察することができる（註５２）。逆に、そのようなデータを用いれば、ロボットの顔に「優しい表情」を作り出すことなど簡単にできてしまう。

　間もなく、「相手が優しい人間だと思っていたら、実はＡＩが搭載されたロボットだった」ということが日常的に起こるかもしれない。例えば、居酒屋で接客してくれるお兄さんが実はＡＩを搭載したロボットだったということになるだろう。接客ロボットは疲れることがないので２４時間、休まずに接客できる（そして実際、コロナ禍の中でウィルスに感染しない接客ロボットのメリットが話題になった）。また、ＡＩによる翻訳機能が備わっていれば外国人の客にも対応可能である。確かに今は「ロボットに接客されるなんていやだ」「人間の接客の方がいいに決まってい

る」という人も多いだろう。しかし近い将来、1年ぶりに行った居酒屋で「いらっしゃいませ、渡部さん。1年ぶりですね。今日は、渡部さんが大好きなマグロの刺身を入荷しています。しかも、今日はサービス価格でご提供しています」などと接客ロボットから「もてなし」を受けたならば、「無愛想なアルバイトの若者よりも、ロボットの方が良いかな」という気持ちになるだろう。そしていつの間にか、もう目の前にいる接客のお兄さんは「人間でもロボットでも、どちらでも良い」という気持ちになるのかもしれない。まさに「人間とAI（ロボット）の境界線が薄れてきた」ということである。

10.3 「正解」のない時代の「学び」

8の節で、AIが一番苦手なこととして「トロッコ問題」を紹介した。現在、AIが搭載された自動運転車の開発が最終段階にさしかかっている。その最後の壁になっているのが、価値観や倫理観の問題である。例えば、「一本道で子どもが急に飛び出してきたとき、子どもを助けるために急ハンドルを切り（場合によっては、電柱にぶつかり）運転者を犠牲にする」というような設定にするのか、あるいは「その車を購入してくれた運転者を守るために、直進する」ように設定するのかという問題である。これは、いわば「正解のない問題」である。論理的に考えれば正解が得られるような問題ならばAIは得意であるが、このような「正解のない問題」は最終的には個々の人間の価値観や倫理観にゆだれられる。

つまり究極的には、AI×データ時代には世界共通の考え方や価値観に基づいた「普遍的な知識」の教育をベースにしたうえで、大きなアドバンテージとしての「私（個人）の価値観」や「私（個人）の評価基準」に基づいた「知」を構築していくことになるだ

ろう。それは結果的に、高度経済成長期のような「富を持つこと」や「力を持つこと」が善とされ、それが目標となるような「教育」とは大きく異なっている。さらに、多様な「知」を獲得することにより複数の価値観を使い分ける能力を身につけることが、大切になっていくだろう。

　世界との競争のなかで徹夜して努力して成果が上がる「知」や「学び」も、確かにある。しかし一方で、ゆったりと時間をかけ競争や焦りのない環境の中でしか獲得できない「知」や「学び」も確かにあるはずだ。

　世界中が同じ価値観、同じ評価基準で競争する時代は、すでに昔のものになろうとしている。インターネットが世界中に張り巡らされ、どこにいても世界中の情報を瞬時に知ることができるようになったグローバル時代の今だからこそ、「私（個人）特有の『知』を持つこと」が重要なのである。

　今後、「想定内の問題」や「論理的に考えれば解決できる問題」はＡＩが担うことになるだろう。それは結果的に、私たち人間は「非効果的・非効率的」な作業を担うことを意味している。あらためて考えてみれば、「自分で考え、創造し、表現すること」には多くの時間と労力が必要不可欠である。しかも、多くの時間と労力をかければ必ず望んでいる結果が出るとは限らない。むしろ、自分が思うようには行かなかったり失敗することの方が多い。しかし実際には、もしそこで知識の獲得や問題解決に失敗したとしても、その失敗により学習者は大きく成長する。換言すれば、そのような失敗は「自ら学ぶ力」や「生きる力」の育成につながるだろう。そして、そのような能力は「想定外の出来事」や「正解のない課題」に遭遇しても、試行錯誤しながら「（完璧ではなくても）何とかうまくやってゆくこと」を可能にするのである。

10.4 「学ぶ」こと（過程）自体を楽しむ時代

　新型コロナウイルス感染拡大により「テレワーク」や「働き方改革」が叫ばれ、世界中で「新しい生活スタイル」の議論が始まっている。その議論の中心は、『「集団（会社や学校）から「私（個人）」へ 』である。今後、コロナ禍が続くにせよ（with コロナ）、ワクチンの効果によりある程度は収まるにせよ（after コロナ）、どちらにしても時代の大きな流れは会社や学校という「集団」から「私（個人）の働き方」や「私（個人）の学び方」へという流れになるだろう。そして、そのような流れから見ても、ＡＩ×データ時代における「オンライン教育」の役割はさらに大きくなるだろう。

　これまで「オンライン教育」と言えば、「効果的・効率的な教育」の代表のようにイメージされてきた。いつでも、どこでもサクッと気軽に自分の好きなテーマについて学習できるのが「オンライン教育」のイメージであった。しかし私は今、これまではあまり言及されてこなかった「オンライン教育」のメリットを考えている。つまり、「オンライン教育」の「じっくりと時間をかけて学ぶことができる」というメリットである。「場所や時間に縛られない」からこそ、「オンライン教育」では自分の好きな時間に自分の好きな場所で、自分のペースで「じっくり時間をかけて学ぶ」ことが可能になる。この点は今後、さらに強調されても良いだろう。

　「学び」とはただ情報を頭の中に蓄積すればよいのではなく、その情報に対する「私（個人）なりの意味」をつけ加えながら学ぶことによって初めて「有効な知識」になる。そして、そのような「学び」は一般に、それほど短時間で効率よく実現することはできない。情報を獲得することの速度が絶対的な価値となっている現在だからこそ、「じっくり学ぶ」ことの復権が重要になってくる。そして、「じっくり学ぶ」ことは、今わたしたちが忘れかけている「学ぶことの喜び」を思い出させてくれる。「学び」は

本来、「楽しい」ものである。もちろん「つらい」と言うこともあるが、その後に来るだろう「成果」が予測できれば、それは「楽しい」ものになる。

　つまり、これからのＡＩ×データ時代は「じっくり楽しみながら学ぶこと」の大切さが見直されてくるだろう。本をじっくり読むこと（熟読）は、昔から「学び」の重要なスタイルであった。例えば、哲学書は高度な集中力で繰り返し時間をかけて読まなければ理解することができない。また、一般的な小説やエッセイであっても「じっくり時間をかけて読む」ことにより、それまでは見落としていた多くのことを感じることができる。それこそが、「学びの楽しさ」なのである。

　さらに、ひとりでじっくりとひとつのことを考え込んだり（熟考）、友人と時間をかけて議論することなど、一昔前には誰もが「学び」のための重要な手段であると考えていた。このようなスタイルの「学び」では、その時には理解できなくとも時間を重ねることによって「しばらくしてから突然わかる」、つまり「役立つ知識」として浮かび上がってくることも多い。そして、そのような「学び」は「学ぶこと（過程）自体が楽しいもの」である。

　そう考えると、とりあえず短期間での「結果（成績）」は考えずに、自分が「学んでいて楽しい」「学んでいて幸せ」と感じることがとても大切なことに思えてくる。そして、もし「楽しい学び」ができるのならば、それが「主体的な学び」か否かはどうでもよいのではないか。そして、自分の主体性によるものではなく、単に「ＡＩが進めてくれるから学ぶ」でも良いのではないかと思えてくる。さらに、「教育」や「学習」に（私たちが知らない間に）ＡＩが関与していてもいなくても、どちらでもまったくかまわないと思えてくる。つまり、私たちにとって重要なことは「常に発展し続けるＡＩ（テクノロジー）と上手くつきあいながら、私自

■ 賛ＡＩ能力

=「ＡＩ× データ」を道具として使いこなす能力

→ しかし、ＡＩは「環境（空気）」になる

■ 反ＡＩ能力

=「ＡＩに負けない能力」「人間だけが持つ能力」

→ しかし、ＡＩは発展し続ける

■超ＡＩ能力

= 発展し続ける「ＡＩ× データ」技術と上手くつきあい、「私の幸せ」を実現する能力

図１０－１　ＡＩ×データ時代の「超ＡＩ能力」

身の幸せを実現する」という発想、そしてそれを実現するための「能力」になっていくだろう。そのような能力を私は、「超ＡＩ能力」と呼んでいる（図１０－１）。

予測！

ＡＩ×データ時代は、「常に発展し続けるＡＩと上手くつきあいながら、私自身の幸せを実現する」という発想、そしてそれを実現するための「能力」が重要になる。

10.5　ＡＩ×データ時代の「人間とＡＩの関係性」

　あらためて歴史を振り返れば、コンピュータが誕生してから私たちは常に、人間とコンピュータとの関係性を考えてきた。よく知られているように、１９４０年代にコンピュータが誕生したとき、それは「戦争に勝つための道具（武器）」のひとつであった。しかし、戦争が終結し平和な時代がもどってくると、研究者はコンピュータを様々な用途に活用できるのではないかと考え始めた。そして、そもそもが「計算機」であるコンピュータは、ビジネスの現場や工場など物作りの現場での活用を中心に発展してきた。コンピュータはビジネスに関わる様々な数値の処理に大きな力を発揮してきたし、工業社会の中で重要とされてきた様々な機械を制御することでも著しい活躍を見せてきた。

　しかし一方で、コンピュータを「人間の頭脳と同類のもの」と捉えて開発しようとする研究者もいた。そこに、「人工知能＝ＡＩ」という考え方が生まれる。8の節でも紹介したように１９５０年、数学者アラン・チューリングは将来ＡＩが人間と区別がつかないようになることを予測して「チューリングテスト」を開発した。そして１９６６年、スタンフォード大学で開発されたカウンセリングＡＩ「イライザ」は、悩みを抱えた相談者から「本物の（人間の）カウンセラー」であると（間違った）評価を得て、「チューリングテスト」をパスしたとして大きな話題になった（註53）。

　１９６８年には、スタンリー・キューブリック監督による映画『２００１年宇宙の旅』が公開され、木星探査へ向かう宇宙船でＡＩ「ＨＡＬ 9000」が宇宙飛行士に対し反乱を起こす事件が描かれている（図１０－２）。故障し暴走し始めたＡＩ「ＨＡＬ 9000」の電源を宇宙飛行士がシャットダウンしようとする場面では、まさにＡＩ「ＨＡＬ 9000」が人間の心を持つかのように「やめてください・・・お願いします・・・怖い」と訴える姿が描か

図10－2 『2001年宇宙の旅』（1968）に登場する「ＨＡＬ 9000」（写真：
Everett Collection／アフロ）（2人の宇宙飛行士が対応策を話し合っている
様子を「ＨＡＬ 9000（窓の外の中央にいる）」が読唇しているシーン）（註54）

れている（註54）。

　その後も小説や映画の世界では、人間と「ＡＩ（ロボット）」
とが巻き起こす様々な物語が度々描かれてきた。そして、その多
くの作品が、人間とＡＩ（ロボット）の間に生まれる「愛（家族
愛や恋愛など）」をテーマにしてきた（註55）。しかし現実には、
「鉄腕アトム」の誕生日とされた2003年には「人間のような
ＡＩ（ロボット）」は実現しなかったし、これからもしばらくは
実現しそうにない。

　一方で最新のＡＩは、私たちが気づかないところで私たちの生
活に大きく影響するような発展を日々続けている。例えば、ＡＩ
が大きな役割を担っている「ネットショッピング」は、もはや私
たちの生活にはなくてはならないものになっている。また、今後

ほぼすべての家電に（そして家電だけでなく、本棚やクローゼットまでにも）マイクロチップが埋め込まれ、大企業が所有するデータセンターのＡＩが私たちの生活をコントロールすることになるだろう。そして、もしかすると私たち自身の手首にもマイクロチップが埋め込まれる時代が来るかもしれない。そうなれば、私たちはお金を持たずに「無人コンビニ」で買い物をすることができるようになるだろう。さらに、自由に地下鉄にも乗れるし、受付を通らずに映画を見たり観劇することが可能になる。病院で患者がカルテを取り違えられることもなくなるし、スマホにＩＤ・パスワードを入力する必要もなくなるだろう。

　このような「とても便利なテクノロジー」が社会で当たり前になるこれからのＡＩ×データ時代、どのような人間を育成することが「教育」には求められるのだろう？

　今、私たちの目の前には「オンライン教育」や「ＡＩ教師」などの可能性が現実のものとして存在している。私たちはこれらの選択肢の中のどれを選択し、今後の「教育」を考えたら良いのだろう？

　まさに今、「教育」は重大な分岐点に立っているのである。

※　※　※

２０２Ｘ年５月Ｘ日、とある小学校の教室。

「Hello!!　ティチャー、今日は何を勉強するの？」

香織が、ＡＩティーチャーに声をかけた。
香織は重い障がいを持っていて、小児病棟に入院している。

「はい、香織さん。今日の授業では『伝統文化』についての学習
をします。まず、デジタル教科書の３７ページをｉＰａｄに表示さ
せてください。」

香織はｉＰａｄを取り出し、ＡＩティーチャーが指示したペー
ジを開く。病院専属のアシスタント・ティーチャーが（この先生は
「人間の先生」なのだが）、香織に話しかけた。

「香織さん、準備ＯＫですね。」
「はい、先生。」

クラスの皆もｉＰａｄを操作している様子が、「バーチャル・
ゴーグル」の中に見える。

「日本の伝統文化について考える前に、世界のお友達はどう考え
ているのか、聞いてみましょう。まず、ロサンゼルスのお友達と北
京のお友達に聞いてみましょう。」

ＡＩティーチャーが流暢な英語と中国語で、それぞれの生徒に
質問している様子がわかる。優秀な翻訳機能を備えたＡＩティー
チャーにとって、「言葉の壁」は無い。

「お待たせしました、香織さん。あなたはどう考えますか？」

　ＡＩティーチャーに突然話しかけられたので、香織は少し緊張して答える。

　「世界中がネットでつながったグローバルな世の中だからこそ逆に、『ローカルな文化』って大切なんだと思います。」
　「とても素晴らしい考えですね。」

　香織は昨日の夜、ベットの中で予習した自分の考え方を堂々と述べた。ＡＩティーチャーは、笑顔で高い評価を香織に示した。

　・・・このような「学校」はもう、夢の話ではない。

最後に：「ＡＩに負けない能 力」を超えて

　１９９８年に『鉄腕アトムと晋平君─ロボット研究の進化と自閉症児の発達─』（ミネルヴァ書房）を上梓してから、２０年以上の歳月が経過した。

　『鉄腕アトムと晋平君』上梓の前年は、チェス専用ＡＩ「ディープブルー」が人間のチェス世界チャンピオンに勝利したという、科学技術の発展にとって記念すべき年であった。しかし、最新のＡＩから見れば、ディープブルーは「人間がＡＩにさせたいことを、ひとつひとつ系統的に教えていく（プログラミングしていく）一昔前のＡＩ」である。その後、この方法は「フレーム問題」という大きな行き詰まりを経験することになる。

　そして２０１０年以降、新しい考え方に基づいた「ＡＩ」が誕生して話題になっている（第３次ＡＩブーム）。最新のＡＩは「ＡＩ自身が自律的に学習を進めていく」、そして「ＡＩ同士が学習しあう」という特徴を持つ。

　このような「最新のＡＩ」に触発されて私は、２０１８年『ＡＩに負けない「教育」』（大修館書店）を上梓した。この本で私は、２０年前に『鉄腕アトムと晋平君』の中で示したひとつの疑問に対して再度検討を加えた。それは、次のような疑問であった。

　教育現場において、「教師が子どもたちに知識やスキルを系統的に教える」ことは『教育』の本質から外れているのではないか？　「子どもたち自身が自ら学んだり、子どもたち同士が学び合う」のが、『教育』の本来の姿なのではないのか？

『鉄腕アトムと晋平君』を上梓した当時、この疑問（考え方）は多くの専門家の先生（特に、自閉症教育の専門家の先生）から「近代教育に反する単なるイデオロギー的主張」として痛烈なご批判をいただいた（おかげでこの本は話題になり、予想をはるかに超えるほど多くの方々に読んでいただいた）。

しかし、『鉄腕アトムと晋平君』上梓後２０年の歳月を経て、「最新のＡＩ」が私の主張も「ひとつの科学的な考え方」であることを証明してくれた。『ＡＩに負けない「教育」』では、この点について詳細に示した。

『ＡＩに負けない「教育」』を執筆していた当時、私は「教育」の役割のひとつとして「ＡＩに負けない人間の能力」の育成があると考えていた。確かに２０１８年の時点では、「ＡＩに負けない」という考え方は「これからの教育」を考えるとき、ひとつの魅力的なコンセプトであった。「教育」は人間だけが行える営為であり、「ＡＩに負けない能力の育成」は、これからの「教育」を考えるとき明確なひとつの目標となり得るものであった。

しかし私はその後、少し考え方を変えた。

本書の中でも示してきたとおり、ＡＩは間もなく私たちにとって「空気のような存在」になる。つまりＡＩ×データ時代では、「ＡＩを便利な道具として使いこなそう」という発想も、「ＡＩに負けない能力を育成しよう」という発想も、「一昔前の古い考え方」になってしまう。そして、私たちにとって重要なことは「常に発展し続けるＡＩ（テクノロジー）と上手くつきあいながら、私自身の幸せを実現する」という発想、そしてそれを実現するための「能力」になっていくだろう。そのような時代の中で私たちは、どのように「教育」を考えていったら良いのだろう？

さらに、検討を続けていかなければならない。

引用文献

東　洋．1994.『日本人のしつけと教育』東京大学出版会.

新井素子，宮内悠介他．2017.『人工知能の見る夢は：ＡＩショートショート集』文藝春秋.

ビゾニー，ピアース．1997.『未来映画術「２００１年宇宙の旅」』浜野保樹他（訳），晶文社.

カスカート，トーマス．2015.『「正義」は決められるのか？：トロッコ問題で考える哲学入門』小川仁志・高橋璃子（訳），かんき出版.（Cathcart, Thomas. 2013. *The trolley problem, or Would you throw the fat guy off the bridge?* New York: Workman Pub.）

デュメイン，ブライアン．2020.『アマゾン化する未来：ベゾノミクスが世界を埋め尽くす』小林啓倫（訳），ダイアモンド社.（Dumaine, Brian. 2020. *Bezonomics: How Amazon is changing our lives and what the world's best companies are learning from it.* New York: Scribner.）

渕一博，廣瀬健．1984.『第五世代コンピュータの計画』海鳴社.

ガボール，デニス．1973.『成熟社会：新しい文明の選択』林雄二郎（訳），講談社（Gábor, Dénnis. 1972. *The mature society: A view of the future.* London: Martin Secker & Warburg.）

原田曜平．2020.『Ｚ世代：若者はなぜインスタ・TikTok にハマるのか？』光文社.

樋口進（監修）2018.『ネット依存・ゲーム依存がよくわかる本』講談社.

堀口秀嗣．1995.「主体的な学習活動を実現：期待広がるインターネット利用」日経ムック『マルチメディア社会のすべて』日本経済新聞出版.

堀内進之介．2018.『人工知能時代を〈善く生きる〉技術』集英社.

今井康雄．2010.「学び」に関する哲学的考察の系譜」佐伯胖（監修）・渡部信一（編）『「学び」の認知科学事典』大修館書店.

石川結貴．2017.『スマホ廃人』文藝春秋.

金成隆一．2013.『ルポＭＯＯＣ革命　無料オンライン授業の衝撃』岩波書店.

神崎洋治．2016.『人工知能がよ〜くわかる本』秀和システム.

神崎洋治．2017.『人工知能解体新書』ＳＢクリエイティブ.

苅谷剛彦，吉見俊哉．2020.『大学はもう死んでいる？：トップユニバーシティーからの問題提起』集英社.

小林雅一．2017.『ＡＩが人間を殺す日：車、医療、兵器に組み込まれる人工知能—』集英社.

コダルコフスキー，ミハイル，レオニド・シャンコヴィチ．1998.『人間対機械：チェス世界チャンピオンとスーパーコンピューターの戦いの記録』高橋啓（訳），毎日コミュニケーションズ.（Khodarkovsky, Michael, and Leonid Aleksandrovich Shamkovich. 1997. *A new era: How Garry Kasparov changed the world of chess*. New York: Ballantine Books.)

栗原聡. 2019. 『ＡＩ兵器と未来社会：キラーロボットの正体』朝日新聞出版.

カーツワイル, レイ. 2016. 『シンギュラリティは近い（エッセンス版）：人類が生命を超越するとき』ＮＨＫ出版.（Kurzweil, Ray. 2005. *The singularity is near: When humans transcend biology*. New York: Viking Press.)

マッカーシー, J. P. J.・ヘイズ, 松原仁. 1990. 『人工知能になぜ哲学が必要か：フレーム問題の発端と展開』哲学書房.

松尾豊. 2015. 『人工知能は人間を超えるか：ディープラーニングの先にあるもの』KADOKAWA.

松下佳代. 2010. 「〈新しい能力〉概念と教育：その背景と系譜」松下佳代（編）『〈新しい能力〉は教育を変えるか：学力・リテラシー・コンピテンシー』ミネルヴァ書房.

見田宗介. 2012. 『現代社会はどこに向かうのか：生きるリアリティの崩壊と再生』弦書房.

三宅陽一郎, 森川幸人. 2016. 『絵でわかる人工知能』ＳＢクリエイティブ.

ニュートンプレス. 2020. 『別冊Ｎｅｗｔｏｎ：ゼロからわかる人工知能』ニュートンプレス.

日経ビッグデータ（編）. 2017. 『グーグルに学ぶディープラーニング』日経BP社.

西垣通. 2016. 『ビッグデータと人工知能』中央公論新社.

西尾久美子. 2012. 『舞妓の言葉：京都花街、人育ての極意』東洋経済新報社.

岡本裕一朗. 2018. 『人工知能に哲学を教えたら』ＳＢクリエイティブ.

坂元昂. 1992. 「新しいメディアの活用とこれからの教育」坂元昂, 後藤忠彦（監修）『マルチメディアの教育利用と学習指導：コンクール入賞校の実践と研究』日本教育新聞社.

阪田真己子, 高橋信雄, 渡部信一. 2020. 「ディスカッション：ＡＩ時代の「生きる力」をどのように育成するか？」渡部信一（編）『ＡＩ時代の教師・授業・生きる力』ミネルヴァ書房.

櫻井芳雄. 2013. 『脳と機械をつないでみたら：ＢＭＩから見えてきた』岩波書店.

佐々木正人. 1994. 『アフォーダンス：新しい認知の理論』岩波書店.

佐藤克美, 渡部信一. 2019. 「実践２：「レゴマインドストーム」を活用した「プログラミング教育」」渡部信一『ＡＩ研究からわかる「プログラミング教育」成功の秘訣』大修館書店.

佐藤理史. 2016. 『コンピュータが小説を書く日：ＡＩ作家に「賞」は取れるか』日本経済新聞出版.

Skinner, Burrhus F. 1961. Teaching machines. *Scientific American*, 205 (11)：90-102.

スペンサー, ライル・M., シグネ・M・スペンサー. 2001.『コンピテンシー・
　　マネジメントの展開・導入・構築・活用』梅津祐良他（訳）, 生産性出版.
　　(Spencer, Lyle M., Jr. and Signe M. Spencer. 1993. *Competence at work*.
　　New York: John Wiley)
サッチマン, ルーシー　A. 1999.『プランと状況的行為人間：機械コミュニケー
　　ションの可能性』佐伯胖（監訳）産業図書.（Suchman, Lucille[Lucy]
　　Alice. 1987. *Plans and situated actions: The problem of human-machine
　　communication*. Cambridge: Cambridge University Press.)
平和博. 2019.『悪のＡＩ論：あなたはここまで支配されている』朝日新聞出版.
高木光太郎. 1996.「実践の認知的所産」波多野誼余夫（編）『認知心理学5
　　学習と発達』東京大学出版会.
高橋茂. 1996.『コンピュータクロニクル』オーム社.
植木克美. 2020.「熟達教師の「経験知」をＷｅｂで若手教師に伝える」渡
　　部信一（編）『ＡＩ時代の教師・授業・生きる力』ミネルヴァ書房.
梅田望夫. 2006.『ウェブ進化論：本当の大変化はこれから始まる』筑摩書房.
渡部信一. 1998.『鉄腕アトムと晋平君：ロボット研究の進化と自閉症児の
　　発達』ミネルヴァ書房.
渡部信一. 2005.『ロボット化する子どもたち：「学び」の認知科学』大修館
　　書店.
渡部信一（編）2007.『日本の「わざ」をデジタルで伝える』大修館書店.
渡部信一. 2012.『超デジタル時代の「学び」：よいかげんな知の復権をめざ
　　して』新曜社.
渡部信一. 2013.『日本の「学び」と大学教育』ナカニシヤ出版.
渡部信一. 2015.『成熟時代の大学教育』ナカニシヤ出版.
渡部信一（編）2017.『教育現場の「コンピテンシー評価」：「見えない能力」
　　の評価を考える』ナカニシヤ出版.
渡部信一. 2018.『ＡＩに負けない「教育」』大修館書店.
渡部信一. 2019.『ＡＩ研究からわかる「プログラミング教育」成功の秘訣」』
　　大修館書店.
渡部信一（編）2020.『ＡＩ時代の教師・授業・生きる力』ミネルヴァ書房.
Watson, John B. 1930. *Behaviorism*. Revised ed. Chicago, IL: The University
　　of Chicago Press.
山本一成. 2017.『人工知能はどのようにして「名人」を超えたのか？』ダ
　　イヤモンド社.
山本康正. 2020a.『次のテクノロジーで世界はどう変わるのか』講談社.
山本康正. 2020b.『2025 年を制覇する破壊的企業』ＳＢ新書.
吉田文. 2003.『アメリカ高等教育における e ラーニング：日本への教訓』
　　東京電機大学出版局.

註

1. デジタル・ナレッジ社・e ラーニング戦略研究所「新型コロナウイルス感染拡大を受けて２０２０年前半に緊急導入された、大学におけるオンライン授業の現状と課題」<https://www.digital-knowledge.co.jp/archives/22823/>（最終閲覧日 2021 年 3 月 11 日）

2. 本書では、オンラインで行った授業や講義を「オンライン授業」と表記し、「オンライン授業」とともにレポートやテスト、出席管理や成績管理なども加えて総合的にオンラインで行うことに対しては「オンライン教育」と区別して表記している。

3. 「放送大学」ホームページ <https://www.ouj.ac.jp/hp/gaiyo/>（最終閲覧日 2021 年 3 月 11 日）

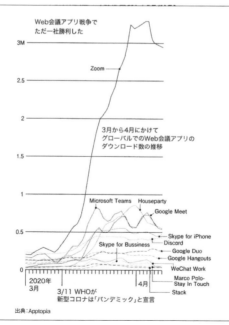

図1　コロナ禍での Zoom と同業他社の利用者数の比較表

４．２０２１年４月時点で、このようなビジネスが成功しているという情報
　はない。この種の事業としてはネットショッピングなどが先行しており、
　「教育」領域は多分未だ手つかずの状態なのだろう。しかし、「新型コロナ
　ウィルス感染拡大」による「オンライン教育」の普及により、教育ビジネ
　ス領域においても「ＡＩとビッグデータを活用したビジネス」は加速する
　だろうと、私は考えている。

５．山本は、２０２０年１１月に刊行した『２０２５年を制覇する破壊的企
　業』の中で「コロナ禍での Zoom と同業他社の利用者数の比較表」を引用
　した上で、「Zoom の急増」を次のように解説している（山本 2020b）。
　　「パソコンにかかる負荷がかなり低いことも、ユーザーから支持を集め
　る理由でした。そして今回の新型コロナウイルス感染拡大によるリモー
　トワーカーの増加で、利用者が急増（図１）。ピーク時は２０日で利用
　者（重複も含む）が１億人も増え、現在の利用者は３億人を超えている
　との報道もあります。」（山本 2020b）

６．「国立大学教養教育コンソーシアム北海道」ホームページ <https://
　www.nucla-hokkaido.jp/>（最終閲覧日 2021 年 3 月 11 日）
　　「大学連携 e-Learning 教育支援センター四国」ホームページ <https://
　chipla-e.itc.kagawa-u.ac.jp/>（最終閲覧日 2021 年 3 月 11 日）

７．「NHK for School」ホームページ <https://www.nhk.or.jp/school/>（最
　終閲覧日 2021 年 3 月 11 日）
　　「テンミニッツＴＶ」ホームページ <https://10mtv.jp/>（最終閲覧日
　2021 年 3 月 11 日）
　　ちなみに、「テンミニッツＴＶ」のサイトには「コラム」のコーナーも
　あり、私の研究が紹介されている。
　　『ＡＩ時代に求められる〈新しい能力〉を手に入れる』<https://10mtv.
　jp/pc/column/article.php？column_article_id=2123>（最終閲覧日 2021
　年 3 月 11 日）

８．実際に、北海道教育大学大学院学校臨床心理専攻の大学院生（学部から
　進学した院生に加え現職教員も多い）１８名に対して２０２０年１１月に
　オンラインで実施した私の「特別講義」においてこの質問をしたところ、
　正しく回答できたのは１名のみであった。この方は特別支援学校の現職教
　員であり、学校全体のＩＣＴ活用教育を担当しているとのこと。

９．「５Ｇ（第５世代：5 th Generation）」とは次世代のネットワーク回線で、
　現在の「４Ｇ」回線のおよそ２０倍の速度・容量を持ち動画などストレス

なく見ることが可能になる。

10. 「クラウド（サービス）」が普及すると、「スマホ」にせよ「（ノート）パソコン（あるいはｉＰａｄ）」にせよ、ユーザーが持つデバイス（機器）にデータを保存したり複雑な処理（計算）をさせることはなくなるだろう。そして、ユーザーが持つデバイス（機器）は単なる「情報を入力する端末・情報の出力を表示するディスプレーやスピーカー」になるのである。その結果「スマホ」や「パソコン」の本体はどんどん安価になってゆき、グーグルやアマゾンが世界中のあらゆるデータを自社のデータセンターに蓄積することになると考えられる。

11. 現在「Zoom」は、アマゾンのクラウドコンピューティングサービス「アマゾン・ウェブ・サービス（ＡＷＳ）」を利用している（ブライアン・デュメイン 2020）。私は近い将来、アマゾンが「Zoom」を買収するかもしれないと予測している。また、山本によれば、グーグルが「Zoom」を買収して「Google Zoom」が出現する可能性もあるし、フェイスブックなどが買収するかもしれないと言う（山本 2020b）。

12. 少し専門的になるが、現在のＡＩシステムは「教師なし学習」を採用している（「２−２」の章を参照）。つまり、身体動作を分類するとき人間の判断は一切加えず、すべてＡＩ自身の機械学習に委ねている。しかし今後はさらに精度を上げるため、「教師あり学習（つまり、ＡＩの判断に対して人間が修正を加える作業）」も併用して行く予定である。

13. 「Amazon go」については、以下のＷｅｂサイトに詳しい。<https://japanese.engadget.com/2019/08/27/amazon-go/>（最終閲覧日 2021 年 3 月 11 日）あるいは <https://orange-operation.jp/posrejihikaku/self-checkout/10331.html>（最終閲覧日 2021 年 3 月 11 日）

14. 近年、「機械学習」の中でも「ディープラーニング Deep Learning（深層学習）」が話題になることが多い。「ディープラーニング」とは、人間の脳神経回路をモデルとしてアルゴリズム（計算方法）を多層構造化した「ニューラルネットワーク」によって機械学習、つまりＡＩが自ら学習する（ルールを見つけ出す）ことを言う。ＡＩの構造としては、情報を入力する層と答えを出力する層の間に情報を判断する層を多層（ディープ）に重ねたシステムになっている。
　　教育現場においても、「表面的な理解にとどまることなく深く本質まで理解できるように学習する」という意味で「ディープラーニング」という用語を使うことがある。しかし、ＡＩ研究開発領域における「ディープラー

ニング」の意味とは異なっており、混同しないよう注意が必要である。詳しくは、「渡部 2018」を参照のこと。

15. 内閣府「Society 5.0」ホームページ <https://www8.cao.go.jp/cstp/society5_0/>（最終閲覧日 2021 年 3 月 11 日）および、首相官邸「未来投資戦略２０１８」ホームページ <https://www.kantei.go.jp/jp/singi/keizaisaisei/pdf/miraitousi2018_zentai.pdf>（最終閲覧日 2021 年 3 月 11 日）

16. 文部科学省「新時代の学びを支える先端技術活用推進方策（最終まとめ）」（2019 年 6 月 25 日）ホームページ <https://www.mext.go.jp/a_menu/other/1411332.htm>（最終閲覧日 2021 年 3 月 11 日）

17. スウェーデンにおいて、体内にマイクロチップを埋め込み公共交通機関の乗車やオフィスへの入退室を管理するシステムが急速に普及しつつあることに関しては、多くの報道がある。<https://www.ai-credit.com/article/sweden-microchip-inbodies-surveillance-cashless/>（最終閲覧日 2020 年 12 月 2 日）あるいは <https://trillionsmiles.com/future/microchip/>（最終閲覧日 2020 年 12 月 2 日）

18. Honda「Honda、ATR、島津製作所が共同で、考えるだけでロボットを制御する BMI 技術を開発」ホームページ <https://www.honda.co.jp/news/2009/c090331.html>（最終閲覧日 2021 年 3 月 11 日）

19. 「ＶＵＣＡ」という用語は主に、社会経済環境がきわめて予測困難な状況に陥るという現象を示して使われることが多い。しかし、経済に限らず「社会」そのものが今後、「Volatility ＝不安定」「Uncertainty ＝不確実」「Complexity ＝複雑」「Ambiguity ＝曖昧」なものになっていくと私は考えている。ちなみに、「ＶＵＣＡ」に関してはＷｅｂ上に多くの解説がある。日本の人事部「ＶＵＣＡ」ホームページ <https://jinjibu.jp/keyword/detl/830/>（最終閲覧日 2021 年 3 月 11 日）

20. 国土交通省「最近の国土をとりまく情勢について」（平成 30 年 6 月）ホームページ <https://www.mlit.go.jp/common/001237848.pdf>（最終閲覧日 2021 年 3 月 11 日）

21. 総務省『平成２８年版 情報通信白書』「人口減少社会の到来」ホームページ <https://www.soumu.go.jp/johotsusintokei/whitepaper/ja/h28/html/nc111110.html>（最終閲覧日 2021 年 3 月 11 日）

22. 総務省「情報通信機器の保有状況」ホームページ <https://www.soumu.go.jp/johotsusintokei/whitepaper/ja/r01/html/nd232110.html>（最終閲覧日 2021 年 3 月 11 日）

23. ＡＩの発展を妨げた最も大きな原因は、「フレーム問題」と言われている。「フレーム問題」に関しては、「３－２」の章で詳しく検討する。

24. 「アルファ碁」が第１段階で１６万局の棋譜を学習するのに、約３週間かかったという。人間の棋士が毎日１局行ったとしても１万局打つのに２７年以上かかることを考えると、１６万局を学習することのすごさが理解できる。

25. ＡＩが行う「教師あり学習」および「教師なし学習」を実施する順番は、その作業により逆転することがある。例えば「アルファ碁」は「教師あり学習」でルールや定石を学習し、その後「教師なし学習」で人工知能同士の対戦を積み重ねることにより経験を深め強くなって行く。しかし、「手書き数字の読み取り」や「写真や動画から人物を見つけ出すような画像認識」を行うＡＩでは、まず始めに「教師なし学習」でデータの特徴を捉え、その後「教師あり学習」でその特徴を「カテゴリ認識」し適切なラベル（名前）をつけるという作業を行っている。

　「コラム１」で紹介した「ＡＩを活用した授業評価」のＡＩも、後者の手法を採用している。

26. 「ボナンザ」は「世界コンピュータ将棋選手権」において、２０１５年、２０１６年と連勝したが、その後は他のチームに優勝の座を譲っている。

27. 文部科学省「学習者用デジタル教科書の制度化」ホームページ <https://www.mext.go.jp/a_menu/shotou/kyoukasho/seido/ 1407731.htm>（最終閲覧日 2021 年 3 月 11 日）

28. 文部科学省「諸外国におけるデジタル教科書・教材の活用について」平成 28 年 10 月 13 日 <https://www.mext.go.jp/b_menu/shingi/chousa/shotou/110/shiryo/icsFiles/afieldfile/2016/11/07/1378984_7.pdf>（最終閲覧日 2021 年 3 月 11 日）

29. 平成 21 年度「電子黒板を活用した教育に関する調査研究」モデル校への調査に関する報告書 <https://www.mext.go.jp/a_menu/shotou/zyouhou/1307603.htm>（最終閲覧日 2021 年 3 月 11 日）

30. 文部科学省「学校における教育の情報化の実態等に関する調査結果【速報値】について」令和２年８月２８日 <https://www.mext.go.jp/b_menu/houdou/31/08/1420659_00001.htm>（最終閲覧日 2021 年 3 月 11 日）

31. ここでは、学習者に対して、その「解き方」を考えさせようという発想はない。そもそも「行動主義心理学」における検討の対象は、観察可能な「行動」のみである。したがって、内部のメカニズムは「ブラックボックス」であり検討することは不可能であるという考え方が基礎にある。

32. このプロジェクトにおいて対象と想定している「教師」は主として「小学校教師」であるが、幼稚園、中学校、高校、特別支援学校の「教師」も想定している。（なお、ここでは意識的に、「教員」と「教師」を使い分けている。「教員」は「学校教育」における教師を指し、一般に「教員免許状を取得したもの」を意味する。それに対して「教師」は、学校教育に限定せず広く「教え手」を指す。）

33. 東は「滲み込み型」と漢字を使用しているが、本書では読者の読みやすさを考慮し「しみ込み型」という表現を用いる。

34. 「モーションキャプチャー」システムや３ＤＣＧアニメーションなどを伝統芸道の稽古場やミュージカル役者養成所の伝統舞踊教育で活用するという試みは、デジタル・テクノロジーという異質な存在を「日本の伝統的教育」の現場にあえて持ち込んだとき何が浮き上がってくるのかを見極めたいということが一番の目的であった。

　しかし同時に、このような試みは伝統芸道を保存したり、若者への継承を支援することにもつながる。特に、２０１１年に発生した東日本大震災の後、津波により継承の危機に陥った海岸沿いに伝わる伝統芸能の保存および後継者支援の活動は「社会貢献」として大きな評価を得た。

　さらに、このテーマは博士論文指導や修士論文指導としても実施されており、数多くの博士号および修士号を渡部研究室所属の大学院生が取得している。例えば、このテーマで「博士号」を取得したのは、次の２名である。
　佐藤克美　平成２２年度「博士号」取得
　（現：東北大学大学院　教育学研究科　准教授）
　薄井洋子　平成２６年度「博士号」取得
　（現：東北学院大学　英語教育センター　助教）
　図６−２および図６−３の「３ＤＣＧ教材」も、彼らの博士号取得のための研究の中で作成されたものである。

35. ここで研究対象としたのは、秋田県田沢湖にある劇団「わらび座」に

附属する役者養成所である。この養成所では、本来は長い年月に及ぶ稽古が必要な民俗芸能や日本舞踊などを2年という限られた期間で養成し、卒業と同時にプロのミュージカル俳優として舞台に立つことができるように育成するため様々な教育的な工夫をしている。例えば、2年生の前半を「舞台実習」に当てており、まさに「本番」を経験させることにより様々な「現場の能力」の育成を図っている。

36. ＡＩの研究開発にとって大きな障壁となった「フレーム問題」は、ロボット開発との関連で解説されることが多い。それは１９８０年代のＡＩ研究が、「ＡＩを脳として搭載されたロボットをいかにして人間らしく機能させるか」をひとつの研究開発の枠組みとして進められていたためである。当時は、まもなく誕生するだろう「鉄腕アトム（２００３年が誕生日として設定されていた）」が大きな人気を持っていた。さらに、工業用ロボットも著しい発展を見せており、ロボットに対する関心が高かったということもひとつの理由だろう。

37. 「ＧＥＯ」が実験室内で歩き方を学習するのにかかった日数が「1週間」と言うことは事実である。しかし、その他（芝生、砂場など）の日数に関しては、私が便宜的に設定したものである。

38. 「日本の伝統的教育」に対する検討は、「茶道」および「香道」でも実施している。ただし、ここではデジタル・テクノロジーの活用は行っていない。

39. このような「許状」の考え方や制度は、昔から続くものである。しかし時代の変化により、裏千家では近年「許状」制度に加え「資格」制度が取り入れられた。その理由として「裏千家ホームページ」では、「入学試験や就職の際に茶道を習っていることで少しでも有利になりたいという要望が多いため」としている。

　「資格」は、茶道の修道者としての習熟度を表すもので、平成１２年に広く一般社会にも分かりやすい名称・制度に改定された。つまり、「初級」「中級」「上級」「講師」と進んでゆく。しかし、茶道では「許状」がその基本にあることに変わりはないという。裏千家茶道「修道のご案内」ホームページ <http://www.urasenke.or.jp/textb/culic/index.html>（最終閲覧日 2021 年 3 月 11 日）

40. 厚生労働省「インターネットへ過度に依存する中高校生を対象にした調査」2017 年度 <https://www.iza.ne.jp/kiji/life/news/180831/lif18083117320038-n1.html>（最終閲覧日 2021 年 3 月 11 日）

41. 「Z世代」の下の世代は、「α世代」と呼ばれている。なぜ、「α」かと言えば、ラテン文字の最後に当たる「Z」の次に、ギリシャ文字の最初に当たる「α」を採用することで、新たな時代を現していると言う（原田 2020）。

42. 「トロッコ問題」に関する詳細は、トーマス・カスカート著、小川仁志・高橋璃子訳『『正義』は決められるのか？―トロッコ問題で考える哲学入門』（かんき出版 2015）参照のこと。

43. 「晋平」は実名である。広く社会に公開される文献において、「個人情報保護」に配慮し研究対象の名前を仮名にすることが推奨されている。しかし、晋平の母親である古浦章子さんのご希望により、私が「晋平」に関する情報を公開する場合には可能な限り実名を使用している。彼女が晋平の母親として私に語って下さった「障がいを持っているという理由により名前まで消されてしまうことは、とても耐えられることではありません」という言葉は、私にとって多くの示唆を与えて下さった。加えて、研究者として研究対象に接するとき、匿名の対象ではなく「実名を持った個人」を前提とすることは、その研究の本質にも影響するほどに重要であり、また研究者としての「責任の重さ」にも直接関係すると、私は考えている。なお、ご本人あるいはご両親や関係者が実名の公開を望まない場合にはもちろん、どのような場合にあってもその御意志を１００％尊重すべきであることは当然である。

44. 本稿で「自閉症」と表現している障がいは現在「自閉症スペクトラム障害（Autistic Spectrum Disorder：ASD）」とされている。しかし、晋平は医師により正式に「重度の自閉症」と診断されていることを考慮し、ここでは「自閉症」と表現する。

45. 「ニューヨーク５番街」の写真の出典は以下の通り。
上："Fifth Avenue in New York City on Easter Sunday in 1900", National Archives and Records Administration, Records of the Bureau of Public Roads (30-N-18827) [VENDOR # 11], <https://www.archives.gov/exhibits/picturing_the_century/newcent/ newcent_img1.html>（最終閲覧日 2021 年 3 月 11 日）
下：File:Ave 5 NY 2 fl.bus.jpg From Wikimedia Commons, the free media repository <https://commons.wikimedia.org/wiki/File:Ave_5_NY_2_fl.bus.jpg>（最終閲覧日 2021 年 3 月 11 日）

46. 「スペースＸ社の打ち上げ」の解説は以下のＵＲＬ。<https://news.mynavi.jp/article/20190419-811788/>（最終閲覧日 2021 年 3 月 11 日）

2021 年 7 月 20 日、アマゾンの創業者ジェフ・ベゾス氏は、自身が保有する宇宙開発企業「ブルー・オリジン」の宇宙船「ニュー・シェパード」に乗り、初の宇宙旅行に成功した。ベゾス氏を含む 4 名の乗組員が、約 4 分間の無重力状態を楽しむ様子などの映像が公開された。飛行時間は、10 分 10 秒だった。<https://www.bbc.com/japanese/57911002>（最終閲覧日 2021 年 8 月 2 日）<https://www3.nhk.or.jp/news/html/20210720/k10013151071000.html>（最終閲覧日 2021 年 8 月 2 日）

47. 「ニューラルレース構想」の解説は以下のＵＲＬ。<https://www.itmedia.co.jp/news/articles/1907/18/news137.html>（最終閲覧日 2021 年 3 月 11 日）<https://www.sbbit.jp/article/cont1/33555>（最終閲覧日 2021 年 3 月 11 日）

48. 学研教育総合研究所『小学生白書』2019 小学生白書（2019 年 8 月調査）は、日本全国の小学 1 ～ 6 年生の子どもをもつ保護者を約 420 万人のモニター母集団から抽出し、保護者付き添いのもとで小学生本人が回答するように依頼した。小学 1 ～ 6 年生各学年で男子 100 人と女子 100 人ずつとその保護者（計 1,200 組）の回答が集まったところで調査を終了した。調査時期は 2019 年 8 月 27 日～ 8 月 30 日。

小学生の 2019 年「将来つきたい職業」は、1 位「パティシエ（ケーキ屋さん）」、2 位「YouTuber などのネット配信者」、3 位「医師（歯科医師含む）」、4 位「プロサッカー選手」、5 位「プロ野球選手」。<https://resemom.jp/article/2019/12/23/53962.html>（最終閲覧日 2021 年 3 月 11 日）

49. 「オープンソース・インベスティゲーション」あるいは「ベリングキャット」に関しては、ＮＨＫ・ＢＳが放映した以下の 2 つの番組を参考にした。ＮＨＫ・ＢＳ世界のドキュメンタリー「ベリングキャット：市民が切り開く調査報道報道」2019 年 8 月 13 日放映。<http://www6.nhk.or.jp/wdoc/backnumber/detail/?pid=190813>（最終閲覧日 2021 年 3 月 11 日）ＮＨＫ・ＢＳ1 スペシャル「デジタルハンター：謎のネット調査集団を追う」2020 年 5 月 17 日放映。

なお、Ｗｅｂ上にも、多くの情報がある。例えば、以下のサイト。公開情報から事実を追求する市民ジャーナリスト〜英ベリングキャット <https://comemo.nikkei.com/n/nbf2f22a19390>（最終閲覧日 2021 年 3 月 11 日）

50. 「ＡＩに芸術的な絵画を描かせる研究」としては、例えば以下のようなサイトで紹介されている。<https://ainow.ai/2020/04/01/193272/>（最終閲覧日 2021 年 3 月 11 日）

51. きまぐれ人工知能プロジェクト「小説ですのよ」ホームページ <https://www.fun.ac.jp/~kimagure_ai/index.html>（最終閲覧日 2021 年 3 月 11 日）

52. 例えば、世界最大級の顔画像データベース「人の表情・感情を認識する AI ソリューション Affectiva」のホームページには、次のように記されている。

　　AI 技術の発展が著しい時代、ビジネスをする上で人の感情の データ分析をするのは当たり前と呼ばれる時代が訪れつつあります。音声・映像認識に続き、人間の感情認識の分野においてもその性能は十分に実用に耐えるレベルにまで向上し、既に様々なアプリやゲーム・ロボットといった製品をはじめ、広告・自動車・教育・ヘルスケア業界などへも導入が進んでいます。人の感情を認識する最先端の AI 技術を使って認識技術が切り開く新しい世界を一緒に創造しませんか？ <https://www.affectiva.jp/>（最終閲覧日 2021 年 3 月 11 日）

53. 私は「イライザ」に関して１９９０年代から関心を持っており、実際に「イライザ」を参考にして『ほっとママ』システムを開発しようとしたこともある（「現在進行中のプロジェクト２」参照）。

54. 現在でも『２００１年宇宙の旅』は、ＤＶＤや Blu-ray で簡単に鑑賞することができる。また、この映画に関する解説書も多数刊行されている。例えば、ピアース・ビゾニー著、浜野保樹他訳(1997)『未来映画術「２００１年宇宙の旅」』晶文社

　　ワーナー・ブラザーズ公式サイト <https://warnerbros.co.jp/c/news/2018/12/1887.html>（最終閲覧日 2021 年 3 月 11 日）

55. 例えば、２０１３年に公開された『her ／世界でひとつの彼女』では、妻との別離で傷ついた主人公のセオドアがＡＩの「サマンサ」との恋に落ちる。だが、サマンサが他にも何千人というユーザーと会話し、その一部と付き合っていることを知り、セオドアはショックを受けるという内容である。

あとがき

　私はこの１０年間に、２つの大きな出来事を経験した。２０１１年３月１１日に発生した東日本大震災、そして２０２０年１月からの新型コロナウイルス感染拡大である。

　仙台で生まれ今も暮らしている私にとって、東日本大震災はまさに「当事者としてのリアリティがともなった経験」であった。街中を歩いていた私は、突然ガタガタという音とともに立っていられないほどの揺れを感じ道路にしゃがみ込んでしまった。次の瞬間ショーウインドウの電気が消え、周りのビルから人々がどっと道路に飛び出してきた。まさに、映画で見たことのあるシーンである。仙台駅前の６車線道路は人々で埋め尽くされ、自動車は動けずに立ち往生していた。その後しばらく余震は続いたが、その間は本当に生きた心地がしなかった。

　一方、新型コロナウイルス感染拡大は私自身が「当事者」になる可能性を持っているにもかかわらず、なんとなく「リアリティ」がない。しかしそれでも、感染拡大から１年が経過した現在、いつの間にか「新しい生活スタイル」は私にとっても当たり前になっている。朝家を出るときには無意識にマスクを手にしているし、地下鉄の中では隣の人と無意識に距離をとって座っている。

　たぶんＡＩの社会への普及・浸透も、こんな感じで進んでいくのだろう。５年後、子どもたちは普通に「オンライン授業」で勉強しているかもしれない。そして１０年後は、ＡＩを搭載したロボット教師が教室で普通に授業をしているかもしれない。そのような光景に対し、私たちは何の違和感も持たなくなっているかもしれない。

テクノロジーの社会への普及・浸透はいつの時代も、私たちにとって「リアリティ」のないまま進んで行く。そして、ふっと我に返ったとき私たちは、「何か大切なものをなくしてしまった」という気持ちになるのである。

※　※　※

　本書は、多くの方々からのご指導があって完成しました。オンライン授業の情報を快くご教示いただいた先生方、またＡＩやその他のテクノロジーについて専門的なお立場から貴重な情報を提供してくださった先生方に深く感謝いたします。

　また、東北文化学園大学教授・高橋信雄先生には何度も丁寧に原稿を読んでいただき、大変貴重なご意見を多数いただきました。高橋先生のアドバイスがなければ、本書の完成はありませんでした。本当に感謝しています。

　さらに、いつも私の原稿を素晴らしい書籍として世に出してくださる大修館書店の金子貴さんにも、心から感謝いたします。

　　　　２０２１年３月１１日
　　　　（東日本大震災から１０年の節目の日、そして
　　　　未だ収束の兆しが見えないコロナ禍の中で・・・）
　　　　　　　　　　　　　　　　　　　　渡部信一

[著者略歴]

渡部信一（わたべ・しんいち）
1957年仙台市生まれ。東北大学教育学部卒業。東北大学大学院教育学研究科博士課程前期修了。博士（教育学）。
東北大学大学院教育情報学研究部教授などを経て、現在、東北大学大学院教育学研究科教授。
主な著書に、『鉄腕アトムと晋平君―ロボット研究の進化と自閉症児の発達―』（ミネルヴァ書房）、『ロボット化する子どもたち―「学び」の認知科学―』（大修館書店）、『AIに負けない「教育」』（大修館書店）、『AI研究からわかる「プログラミング教育」成功の秘訣』（大修館書店）、編著書に『日本の「わざ」をデジタルで伝える』（大修館書店）、『「学び」の認知科学事典』（大修館書店）などがある。

ホームページ：https://www.watabe-lab.com/

AI×データ時代の「教育」戦略
©WATABE Shinichi, 2021　　　　　　　　　　　NDC370/vii, 189p/19cm

初版第1刷 ── 2021年11月1日

著者 ─────── 渡部信一
発行者 ────── 鈴木一行
発行所 ────── 株式会社 大修館書店
　　　　　　　〒113-8541 東京都文京区湯島2-1-1
　　　　　　　電話 03-3868-2651（販売部）　03-3868-2292（編集部）
　　　　　　　振替 00190-7-40504
　　　　　　　[出版情報] https://www.taishukan.co.jp

装丁者 ────── 中村友和
印刷所 ────── 壮光舎印刷
製本所 ────── ブロケード

ISBN978-4-469-21388-1　　　　Printed in Japan